Elogios para *Oración*

La iglesia necesita con urgencia un llamado a volver a la verdadera búsqueda del rostro de Dios y a la oración en el reino de Dios. Pocos están más calificados que A. W. Tozer para hacer este llamado. No sé de otro, aparte de Tozer, que pueda comunicar lo que él diría hoy, como el doctor Bill Seaver. Recomiendo de todo corazón la lectura atenta de este libro, en oración. Al hacerlo, experimentarás una renovación espiritual personal junto con un fuerte anhelo de ver a otros recibirla también.

Gary Hutchison
Pastor titular, Grace Community Church
Arlington, Texas

Es un deleite y un gozo recomendar este libro sobre la oración. En este libro de apartes de los populares escritos de A. W. Tozer, el doctor Bill Seaver provee una herramienta excelente con instrucciones claras para la meditación y la oración. Pocos libros merecen una segunda lectura, pero este permanece en mi biblioteca como uno que vale la pena conocer como un buen amigo.

Gale Hartley
Pastor, Bethany Baptist Church, Mountain City, Tennessee
Sirvió en Europa del Este con la junta internacional misionera de la Convención Bautista del Sur

A. W. Tozer fue un poderoso hombre de oración. El doctor Seaver nos guía a comprender profundamente lo poderosa, reveladora y persuasiva que es una vida marcada por una oración vigorosa. Este tipo de oración nos permite disfrutar de una comunión pura y constante con nuestro Padre, y alentar el servicio sacrificado de los unos a los otros.

Bruce Allsop, MD
Médico de familia, Trinity Counseling Center, Knoxville, Tennessee
Association of Certified Biblical Counselors

ORACIÓN

Libros de A. W. Tozer publicados por Portavoz:

Adoración: La razón por la que fuimos creados

El Consejero: Una conversación franca sobre el Espíritu Santo

Cultura: La vida en este mundo como ciudadanos del cielo

Deléitate en Dios

Diseñados para adorar

Este mundo: ¿campo de recreo o campo de batalla?

Fe auténtica

Una fe incómoda

Fe más allá de la razón

Jesús: La vida y el ministerio de Dios Hijo

Lo mejor de A. W. Tozer, Libro uno

Lo mejor de A. W. Tozer, Libro dos

Oración: Comunión con Dios en todo

Los peligros de la fe superficial

El poder de Dios para tu vida

¡Prepárate para el regreso de Jesús!

La presencia de Dios en tu vida

La verdadera vida cristiana

Y Él habitó entre nosotros

ORACIÓN

COMUNIÓN CON DIOS EN TODO

A. W. TOZER

COMPILADO POR W. L. SEAVER

EDITORIAL PORTAVOZ

Publicado originalmente en Estados Unidos por Moody Publishers, 820 N. LaSalle Blvd., Chicago, IL 60610 con el título *Prayer,* copyright © 2016 por The Moody Bible Institute of Chicago. Traducido con permiso. Todos los derechos reservados.

Introducción, comentarios y preguntas, © 2016 por W. L. Seaver.

Título en castellano: *Oración* © 2022 por Editorial Portavoz, filial de Kregel Inc., Grand Rapids, Michigan 49505. Todos los derechos reservados.

Traducción: Nohra Bernal

EDITORIAL PORTAVOZ
2450 Oak Industrial Drive NE
Grand Rapids, Michigan 49505 USA
Visítenos en: www.portavoz.com

ISBN 978-0-8254-5803-3 (rústica)
ISBN 978-0-8254-6716-5 (Kindle)
ISBN 978-0-8254-7536-8 (epub)

1 2 3 4 5 edición / año 31 30 29 28 27 26 25 24 23 22

Impreso en los Estados Unidos de América
Printed in the United States of America

A mi bella esposa Bárbara,
y a mi familia y amigos,
que fueron mis verdaderos compañeros de oración
desde el comienzo hasta la culminación de esta obra,
y a mi Dios que me infundió su
aliento divino para escribirla.

CONTENIDO

LA JORNADA QUE TIENES POR DELANTE

Con temor y temblor, asumí esta tarea de compilar las palabras de Tozer acerca de la oración y de cómo orar. Aunque traté de evitarlo, el Espíritu me mostró una y otra vez las riquezas que encierra el tema para mí y para otros. Hace más de treinta años, cuando terminé uno de los primeros cursos acerca de la oración que enseñé en un seminario, lo más enriquecedor fue la oportunidad de leer muchos libros acerca de la oración escritos por Andrew Murray, E. M. Bounds, Ole Hallesby, D. L. Moody, Watchman Nee, Leonard Ravenhill, y otros. En los años que siguieron, experimenté éxitos y fracasos en mi vida de oración, pero sé que la prioridad de la oración y de la Palabra de Dios (Hch. 6:4) debe ser la misma hasta hoy para todos los santos.

Al examinar con detenimiento los escritos de Tozer acerca de la oración, no se encuentran allí manuales de instrucciones sobre la oración, ni la exposición de famosas oraciones de los santos de la Biblia desde Abraham y David hasta Daniel y los profetas menores, ni desde Esteban en las afueras de Jerusalén hasta Pablo en Roma.

La razón de estas omisiones puede encontrarse en las palabras de Tozer en su libro *El Consejero*:

> ¿Recuerdas que en aquellos momentos de oración que registran los evangelios, el único que podía permanecer despierto era Jesús? Los otros trataron de orar, pero se acercaron a Jesús y le pidieron: "Enséñanos a orar" (Lc. 11:1).
>
> Algunas iglesias ofrecen ahora cursos acerca de cómo orar. ¡Qué absurdo! Es como dar un curso acerca de cómo enamorarse. Cuando el Espíritu Santo viene, Él toma las cosas de Dios y las traduce a un lenguaje que nuestros corazones pueden entender. Aun si desconocemos la voluntad de Dios, el Espíritu Santo sí la conoce, y Él ora "con gemidos indecibles" (Ro. 8:26). Estos discípulos eran personas de oración. En el libro de Hechos los encontrarás en reuniones de oración. Pero antes de eso, se quedaban dormidos. La diferencia fue el Espíritu. Entonces se deleitaban en gran manera en la oración.[1]

Dicho esto, resulta evidente que Tozer habló acerca de la relación diaria del creyente con el Señor, y de cómo esto derivaba en una vida de oración eficaz.

Por ejemplo, estas ideas acerca del andar diario del cristiano con el Señor y de la oración eficaz provienen del estudio de la oración de Abraham a favor de Sodoma y Gomorra, donde vivía Lot. Así lo relata Génesis 18:22-33:

> Y se apartaron de allí los varones, y fueron hacia Sodoma; pero Abraham estaba aún delante de Jehová. Y se acercó Abraham

---

1. A. W. Tozer, *El Consejero: Una conversación franca sobre el Espíritu Santo* (Grand Rapids, MI: Portavoz, 2018), cap. 10.

y dijo: ¿Destruirás también al justo con el impío? Quizá haya cincuenta justos dentro de la ciudad: ¿destruirás también y no perdonarás al lugar por amor a los cincuenta justos que estén dentro de él? Lejos de ti el hacer tal, que hagas morir al justo con el impío, y que sea el justo tratado como el impío; nunca tal hagas. El juez de toda la tierra, ¿no ha de hacer lo que es justo? Entonces respondió Jehová: Si hallare en Sodoma cincuenta justos dentro de la ciudad, perdonaré a todo ese lugar por amor a ellos. Y Abraham replicó y dijo: He aquí ahora que he comenzado a hablar a mi Señor, aunque soy polvo y ceniza. Quizá faltarán de cincuenta justos cinco; ¿destruirás por aquellos cinco toda la ciudad? Y dijo: No la destruiré, si hallare allí cuarenta y cinto. Y volvió a hablarle, y dijo: Quizá se hallarán allí cuarenta. Y respondió: No lo haré por amor a los cuarenta. Y dijo: No se enoje ahora mi Señor, si hablare: quizá se hallarán allí treinta. Y respondió: No lo haré si hallare allí treinta. Y dijo: He aquí ahora que he emprendido el hablar a mi Señor: quizá se hallarán allí veinte. No la destruiré, respondió, por amor a los veinte. Y volvió a decir: no se enoje ahora mi Señor, si hablare solamente una vez: quizá se hallarán allí diez. No la destruiré, respondió, por amor a los diez. Y Jehová se fue, luego que acabó de hablar a Abraham; y Abraham volvió a su lugar.

He estudiado este pasaje muchas veces, y encierra una gran riqueza de principios acerca de la oración. Más adelante, y a raíz de los acontecimientos descritos en Génesis 18, Abraham fue llamado amigo de Dios (Is. 41:8, Stg. 2:23). Los verdaderos amigos no se ocultan revelaciones ni guardan secretos entre sí. Dios no ocultó a Abraham sus designios que tenía para Sodoma y Gomorra (Gn. 18:17). Puesto que Dios no ocultó la verdad, Abraham permaneció delante del Señor y oró con mucha osadía, perseverancia y humildad, porque él sabía que Dios era misericordioso y justo.

La primera petición fue que Dios perdonara a Sodoma y Gomorra si había cincuenta justos en la ciudad, y su última (después de cinco intentos) fue que Dios perdonara la ciudad si había diez justos. Es extremadamente interesante que ocurrió un cambio del 80 por ciento entre la petición original de cincuenta justos, a diez. Otra forma de mirarlo es que hubo un promedio de 25 por ciento de ajuste en cada petición a partir de la anterior. Esta escena de la vida de oración de Abraham revela la jornada espiritual que les espera a quienes permanecen delante del Señor como lo hizo Abraham.

Tenemos una jornada por delante, conforme Dios reorganiza nuestras peticiones, nos transforma en la imagen de su Hijo, y resuelve el asunto puesto en oración de tal manera que su santidad, su misericordia, su amor y su gloria sean siempre exaltados. Si nuestra vida diaria está saturada de afanes estériles, y no existe un impulso urgente de orar, perdemos la maravillosa experiencia que consiste en ser transformados en la imagen de Cristo, y conocer a nuestro Dios más íntimamente.

Esta experiencia es la jornada de la que habla Tozer en sus obras, y que hemos tratado de plasmar. Sin embargo, ¡la jornada empieza con las decisiones que tomamos! Mi oración es que te dispongas a aprender en este viaje, y que tu entendimiento de quién es Dios pueda expandirse en gran manera. ¡Bendiciones para ti en este viaje que emprendemos juntos!

Por último, debo señalar que los primeros veintidós capítulos de este libro se concentran en los escritos de Tozer, los cuales están basados en dieciséis libros que tratan algún aspecto de la oración. Los siguientes tres capítulos consisten en fragmentos de algunos sermones que hablan acerca de la oración y de otros temas relacionados. Los últimos capítulos son extractos de dos sermones principales que Tozer pronunció sobre la oración. Con el fin de ayudarte a reflexionar y poner en práctica la enseñanza, cada capítulo concluye con una sección de aplicación que incluye preguntas y pasos prácticos. Se trata de la sección titulada "Reflexión y aplicación". Además de esto, los capítulos 1 al 25 incluyen una sección de transición titulada "Exploremos con Tozer", la cual profundiza en las ideas de Tozer acerca del tema específico de la oración. Hemos omitido esta sección en los últimos sermones que son de mayor extensión.

El libro puede usarse para la reflexión individual o personal, o para reuniones en grupos pequeños, o como una lectura mensual devocional acerca de la oración. Si usas este libro en tu tiempo devocional para estudiar el tema de la oración, los veintidós escritos, los tres fragmentos, y los tres extractos de los sermones dominicales de Tozer te darán suficiente material para veintiocho días. El autor y compilador de este volumen anima al lector a repasar dos de los capítulos que más hayan servido de exhortación, a fin de completar las lecturas de un mes. Sin embargo, es muy posible que el lector dedique dos días a un capítulo porque encuentra en él una gran abundancia de aplicaciones que atañen a su situación personal.

¡Que Dios incline tu corazón a orar con mayor eficacia y determinación en los días que tienes por delante!

W. L. Seaver

LA VIDA ENTERA
DEBE ORAR

En su mejor versión, la oración constituye la expresión de la vida total.

Es indiscutible que han existido y seguirán existiendo casos en los que una oración aislada puede recibir respuesta, aun cuando quien la pronuncia no ha vivido una vida cristiana ejemplar. Sin embargo, doy por hecho que la mayoría de quienes leen esta página no están satisfechos con una oración esporádica, sino que desean experimentar una vida de oración más satisfactoria, que eleve y purifique cada acto del cuerpo y de la mente, y que integre toda la personalidad en una sola unidad espiritual. Ese tipo de oración solo puede ser el resultado de una vida que se vive en el Espíritu.

En igualdad de condiciones, nuestras oraciones son tan poderosas como lo es nuestra vida. A la larga, solo oramos en la misma medida en que vivimos. Algunas oraciones son como una salida de emergencia, puesto que se usan únicamente en momentos de emergencia. No son muy agradables, pero sirven como salida a una situación desastrosa. No representan la vida cotidiana de quien la eleva, sino más bien actos aislados y extraordinarios del inexperto espiritual.

En algún lugar, William Law exhorta a los cristianos a llevar una vida conforme a sus oraciones, y uno de nuestros himnos muy conocidos pide que Dios nos ayude a "vivir más como oramos". En momentos de estrés, la mayoría hemos deseado haber vivido de tal manera que la oración no nos resultara tan ajena, y hemos lamentado no haberla cultivado hasta que fuera tan fácil y natural como respirar.

> **En igualdad de condiciones, nuestras oraciones son tan poderosas como lo es nuestra vida.**

No queremos dar la impresión de que consideramos la oración en momentos de crisis repentina como algo malo o incorrecto. No lo es en absoluto, y Dios dijo que es "nuestro pronto auxilio en las tribulaciones" (Sal. 46:1). Sin embargo, ningún cristiano instruido quiere vivir toda su vida en el nivel de emergencia. A medida que profundizamos en Dios, vemos la excelencia de la vida de comunión constante en la cual todos los pensamientos y actos son oraciones, y la vida entera se convierte en un sacrificio santo de alabanza y adoración.

A fin de orar con eficacia, es preciso que no existan áreas carentes de bendición en nuestra vida, ni partes de la mente o del alma que no estén habitadas por el Espíritu, y que no demos lugar a deseos impuros en nuestro interior, ni a disparidad entre nuestras oraciones y nuestra conducta.

Todo esto puede parecer una norma demasiado elevada para que la alcancen los hombres y las mujeres que viven bajo el sol. Pero no lo es. Si Cristo es la clase de Salvador que dice ser, debe ser poderoso para salvar a su pueblo de la esclavitud del pecado. No lo digo para respaldar la doctrina, que han inventado los hombres, de la "perfección sin pecado", sino más bien para declarar la doctrina, inspirada por Dios, según la cual es posible "andar en el Espíritu" y "no satisfacer los deseos de la carne". Es decir, que Dios ha provisto en la cruz de Cristo a fin de que sus hijos sean liberados del yugo mortificante del pecado: "Así también vosotros consideraos muertos al pecado, pero vivos para Dios en Cristo Jesús, Señor nuestro" (Ro. 6:11).

Sin duda, la redención en Cristo Jesús tiene suficiente poder moral para facultarnos para vivir en un estado de pureza y amor en el que nuestra vida entera sea una oración. Los actos individuales de oración que brotan de esa clase de vida total estarán revestidos de un poder maravilloso que no conoce el cristiano mundano o descuidado.

Extracto de *The Root of the Righteous* (1955;
reimpr., Chicago: Moody, 2015).

EXPLOREMOS CON TOZER

El comentario inicial de Tozer: "En su mejor versión, la oración constituye la expresión de la vida total" es una verdad a la vez simple y compleja. Es simple para el creyente que vive en comunión constante con el Padre en la que todos sus pensamientos y actos son oraciones. Su vida entera es un sacrificio santo de alabanza y adoración. Este individuo no es necesariamente un guerrero de oración como otros lo clasificarían, sino un santo deseoso de gozar una comunión constante con el Señor, de influir en este mundo para Cristo no solo mediante sus acciones justas sino también sus oraciones, y de esparcir la fragancia de Cristo entre los creyentes e incrédulos. Este creyente entiende que Dios "nos lleva siempre en triunfo en Cristo Jesús" (2 Co. 2:14-15).

La verdad según la cual "en su mejor versión, la oración constituye la expresión total de la vida total" es compleja para el creyente que no está en comunión constante con el Padre, que se ha conformado mucho al mundo, y que considera que la oración es una vía de escape en momentos difíciles o en graves emergencias. Este creyente acostumbra a clamar a Dios solo cuando no puede ingeniarse una solución a una situación difícil; es decir, cuando no tiene ninguna otra opción. Para este creyente, la oración es un deber y una carga. "Pues ese es el amor a Dios, que guardemos sus mandamientos; y sus mandamientos no son gravosos" (1 Jn. 5:3). Cuando la vida entera ora, no hay tal carga ni yugo legalista en la oración. El otro aspecto que se suma a la complejidad de esta verdad en la vida total es la incapacidad de este creyente para discernir o conectar los cabos sueltos de las oraciones sin respuesta, del pecado, y de su caminar en Cristo. La oración le parece un misterio, un proceso aleatorio carente de sentido. No obstante, en realidad es Dios que intenta llamar la atención de este creyente por medio de oraciones sin respuesta, o unas pocas oraciones contestadas para mostrarle que Dios desea que se someta a Él en todas las cosas bajo el poder del Espíritu Santo, que resista al diablo, y se acerque a Dios (entonces Dios se acercará a él) (Stg. 4:7-8). Si este creyente responde a la amorosa invitación de Dios, empezará a darse cuenta de que una vida santa es el suelo fértil para la oración que cambia el mundo a su alrededor. No responder a los impulsos suaves y amorosos de Dios obliga a Dios Padre a disciplinarnos de muchas formas, incluso sirviéndose de nuestras oraciones, a fin de que podamos ser partícipes de su santidad (He. 12:10). ¡Así la jornada es más dolorosa y complicada!

REFLEXIÓN Y APLICACIÓN

1. "En igualdad de condiciones, nuestras oraciones solo son tan poderosas como lo es nuestra vida". ¿Cómo medir nuestra vida en Cristo? ¿Empezamos con la oración? Dicho de otro modo, ¿está mi vida de oración llena de oraciones de emergencia o de oración abundante a lo largo del día? ¿Examinamos nuestras prioridades de buscar primeramente el reino de Dios? Este examen sincero precisa de tiempo a solas y puede requerir la intervención de uno o dos consejeros espirituales.

2. ¿Cómo podemos cultivar una vida de oración de tal modo que la oración se vuelva tan natural como respirar? ¿Deberíamos leer más libros sobre la oración? ¿Hablar más acerca de la oración? ¿Orar más? Estudia Santiago 4:7-8, 1 Pedro 5:6-10, y 2 Reyes 22:18-20.

3- ¿Cuáles fueron las circunstancias de tu última oración de emergencia? ¿Cuál fue la respuesta? ¿Cómo se vio afectada tu vida de oración después de eso? ¿Hubo un retroceso, un regreso al estado de antes, o sirvió como progreso? Escribe tus impresiones acerca de los resultados de tu última oración de emergencia que fue respondida.

4. ¿Hubo algún momento de tu vida cuando oraste más o viste más oraciones contestadas? Medita en cómo fue tu andar con Cristo en ese tiempo. Por otro lado, ¿puedes identificar instancias en tu vida cuando recibiste menos respuesta a tu oración a pesar de que tu andar en Cristo fue más santo? ¿Qué pudo haber causado esto?

EL SACRAMENTO DE VIVIR: PARTE 1

Uno de los mayores impedimentos que encuentra el cristiano para la paz interior es la costumbre de dividir nuestras vidas en dos áreas: la sagrada y la secular. Y se considera que estas áreas llevan una existencia aparte, que son incompatibles moral y espiritualmente. Además, bajo la presión de las necesidades de la vida que obligan a pasar continuamente de la una a la otra, nuestra vida interior tiende a fraccionarse de tal manera que vivimos una vida dividida en lugar de una vida unificada.

Nuestro problema surge del hecho de que quienes seguimos a Cristo habitamos dos mundos simultáneamente: el espiritual y el natural. Como hijos de Adán, vivimos nuestras vidas sobre la tierra bajo las limitaciones de la carne y las debilidades y padecimientos que ha heredado la naturaleza humana. El simple hecho de vivir entre los hombres exige de nosotros años de duro trabajo y mucho cuidado y atención a las cosas de este mundo. En fuerte contraste con esto, encontramos nuestra vida en el Espíritu. Allí gozamos de una vida diferente y de naturaleza superior; somos hijos de

Dios, poseemos un estatus celestial, y disfrutamos de una comunión íntima con Cristo.

La tendencia es, pues, dividir la totalidad de nuestra vida en dos compartimentos. De manera inconsciente, llegamos a reconocer dos tipos de acciones. Las primeras se llevan a cabo con un sentimiento de satisfacción y la firme convicción de que [estas acciones] son agradables a Dios. Estos son los actos sagrados, y por lo general se cuentan entre ellos la oración, la lectura de la Biblia, la entonación de himnos, la asistencia a la iglesia, y esa clase de actos que manan directamente de la fe. Son reconocidos por el hecho de que no tienen relación directa con este mundo, y carecerían de sentido salvo porque la fe nos muestra otro mundo, "una casa no hecha de manos, eterna, en los cielos" (2 Co. 5:1).

> **El Señor Jesucristo mismo es nuestro ejemplo perfecto, y Él no conoció una vida dividida.**

En contraste con estos actos sagrados, encontramos los seculares. Estos incluyen todas las actividades ordinarias de la vida, las cuales tenemos en común con los hijos e hijas de Adán: comer, dormir, trabajar, velar por las necesidades del cuerpo, y llevar a cabo todos nuestros deberes monótonos y triviales aquí sobre la tierra. A menudo los realizamos a regañadientes y con muchas dudas, disculpándonos con Dios por lo que consideramos una pérdida de tiempo y energía. Lo que esto produce es un sentimiento de incomodidad la mayor parte del tiempo. Emprendemos nuestras tareas cotidianas con un sentimiento de profunda frustración, diciéndonos a nosotros mismos, en actitud pensativa, que llegará un mejor día en el que nos desprendamos de este caparazón terrenal y nunca más tengamos que afanarnos por los asuntos de este mundo.

Esta es la antigua antítesis entre lo sagrado y lo secular. La mayoría de los cristianos caen en esta trampa. No logran un ajuste satisfactorio entre las exigencias de los dos mundos. Tratan de caminar la tensa cuerda entre los dos reinos sin hallar paz en ninguno. Su fortaleza queda reducida, su perspectiva borrosa, y pierden su gozo.

Creo que esta situación es completamente innecesaria. Ciertamente nos hemos enredado en los espinos de un dilema, pero el dilema no es real. Es el resultado de un malentendido. La antítesis entre lo sagrado y lo secular no tiene fundamento en el Nuevo Testamento. Sin duda, una comprensión más perfecta de la verdad cristiana nos librará de esto.

El Señor Jesucristo mismo es nuestro ejemplo perfecto, y Él no conoció una vida dividida. En presencia de su Padre, vivió sobre la tierra sin estrés desde su infancia hasta su muerte en la cruz. Dios aceptó la ofrenda de su vida total, sin hacer distinción entre uno y otro acto. Las palabras "yo hago siempre lo que le agrada [al Padre]" fueron la síntesis de su propia vida en lo que respecta al Padre (Jn. 8:29). Cuando vivió entre los hombres, fue sereno y reposado. La presión y el sufrimiento que experimentó fueron el resultado de su posición como portador del pecado del mundo, y nunca de la incertidumbre moral ni de un desajuste espiritual.

La exhortación de Pablo de hacer "todo para la gloria de Dios" es más que idealismo religioso. Es parte integral de la revelación sagrada, y ha de aceptarse como la misma Palabra de verdad. Abre delante de nosotros la posibilidad de convertir cada acto de nuestra vida en un tributo para la gloria de Dios. En caso de que seamos demasiado modestos para incluir en ello todo, Pablo menciona específicamente la comida y la bebida, este humilde privilegio que tenemos en común con las bestias mortales. Si estos sencillos actos de naturaleza animal pueden llevarse a cabo de tal modo que honren a Dios, entonces resulta más difícil considerar algún acto que no pueda hacerlo.

Ese desprecio monacal por el cuerpo, que figura de manera tan prominente en las obras de ciertos escritores antiguos de obras devocionales, carece por completo de fundamento en la Palabra de Dios. En las sagradas Escrituras encontramos el recato, es cierto, pero nunca mojigatería ni un falso sentido de vergüenza. El Nuevo Testamento acepta como un hecho rutinario que en su encarnación nuestro Señor adoptó un cuerpo humano real, y no hace esfuerzo alguno por evadir las implicaciones directas de ese hecho. Él vivió en ese cuerpo aquí entre los hombres, y nunca llevó a cabo un solo acto que no fuera sagrado. Su presencia en carne humana borró para siempre la noción maligna que existe acerca del cuerpo humano como algo que resulta de por sí ofensivo para la Deidad. Dios creó nuestros cuerpos, y no lo ofendemos al atribuir la responsabilidad a quien pertenece. Él no se avergüenza de la obra de sus propias manos.

La perversión, el uso incorrecto y el abuso de nuestras facultades humanas deberían ser razón suficiente para avergonzarnos. Los actos corporales que se llevan a cabo en pecado y en contra de la naturaleza nunca pueden honrar a Dios. Siempre que la voluntad humana introduce el mal moral, ya no ejercemos nuestras facultades inocentes e inofensivas tal como Dios las creó, sino una aberración y perversión que es absolutamente incapaz de glorificar a Dios.

Pero supongamos que no hay perversión ni abuso. Pensemos en el creyente en cuya vida han tenido lugar las dos maravillas del arrepentimiento y el nuevo nacimiento. Él vive ahora según la voluntad de Dios, tal como la entiende a partir de la Palabra escrita. Del tal creyente puede decirse que cada acto de su vida es o puede ser tan verdaderamente sagrado como la oración, el bautismo o la cena del Señor. Decir esto no significa rebajar todos los actos a un mismo nivel mínimo, sino más bien elevar cada acto al nivel del reino viviente, y convertir la vida entera en un sacramento.

Si un sacramento es la expresión externa de una gracia interna, entonces no debemos dudar en aceptar la tesis anterior. Por un solo acto de consagración de nuestro ser total a Dios podemos hacer de cada acto subsiguiente una expresión de dicha consagración. Ya no tenemos que sentirnos avergonzados de nuestro cuerpo, el siervo físico que nos lleva a lo largo de la vida. No más de lo que se sintió Jesús de la humilde bestia que montó para hacer su entrada a Jerusalén. El pasaje que dice "el Señor los necesita" (Mt. 21:3) bien podría aplicarse a nuestros cuerpos mortales. Si Cristo mora en nosotros, podemos oír del Señor de gloria como lo hizo aquella pequeña bestia de antaño y que movió a las multitudes a exclamar "Hosanna en las alturas".

Sin embargo, no basta con que podamos *ver* esta verdad. Si escapamos de las redes del dilema de lo sagrado y lo secular, la verdad debe "correr por nuestras venas" y condicionar el complejo de nuestros pensamientos. Debemos tener como práctica vivir para la gloria de Dios, realmente y con determinación. Si meditamos en esta verdad, hablamos a menudo sobre ella con Dios en nuestras oraciones, la recordamos con frecuencia en nuestra mente conforme vivimos y obramos entre los hombres, se apoderará de nosotros una comprensión de su maravilloso significado. La vieja y dolorosa dualidad dará lugar a la reposada unidad en la vida. El conocimiento de que somos de Dios y que Él nos ha recibido en la totalidad de nuestro ser, sin rechazar parte alguna de nosotros, unificará nuestra vida y hará que todo sea sagrado para nosotros.

Extracto de *The Pursuit of God* (1948; reimpr., Chicago: Moody, 2015). Publicado en español por Wingspread Publishers con el título *La búsqueda de Dios*.

EXPLOREMOS CON TOZER

Podría parecer extraño incluir esta selección particular de las obras de Tozer en un libro sobre la oración, especialmente porque contiene pocas referencias al tema. Sin embargo, Tozer deja claro desde el principio, al igual que las Escrituras, que "la costumbre de dividir nuestras vidas en dos áreas, la sagrada y la secular", constituye uno de los impedimentos más grandes para la paz interior del cristiano, quien habita dos mundos, el espiritual y el natural. Esta división de la vida en compartimentos lleva al creyente a identificar actos sagrados, tales como la oración, el estudio de la Biblia, la adoración, entre otras, y a categorizar aparte los actos seculares de la vida cotidiana como mundanos y no espirituales. Tozer observa que la mayoría de los cristianos en la actualidad están metidos en esta trampa entre dos mundos. Como resultado, "tratan de caminar la tensa cuerda entre los dos reinos sin hallar paz en ninguno. Su fortaleza queda reducida, su perspectiva borrosa, y pierden su gozo".

Esta tensión, este conflicto, esta incomodidad, o este dilema, puede conducir a una vida cristiana desprovista de poder y de oración. Cada acto de nuestra vida debe contribuir a la gloria de Dios, y Jesucristo es nuestro ejemplo, porque nunca llevó a cabo un acto que no fuera sagrado. ¡Su vida estuvo llena de poder y de oración! Lo ideal es que todos procuremos ese ideal, aunque para lograrlo necesitemos comprender que no existe tal cosa como un acto no sagrado, y poner esto en práctica diariamente. Por ejemplo, podar el césped, lavar los platos, limpiar el garaje, hacer ejercicio, organizar una repisa, escribir un reporte, y cientos de labores seculares como estas que no deben robarnos la comunión íntima y la oración con Dios, sino más bien enriquecerlas. Por supuesto, eso podría significar que necesitemos desconectarnos parcialmente de la tecnología que se entromete en nuestros pensamientos, y que al parecer sobredimensiona nuestra propia importancia, invade nuestro tiempo con actividades sin sentido, nos ensordece a la voz de Dios, y mina la dulce comunión con Dios que Él anhela para todos sus hijos.

REFLEXIÓN Y APLICACIÓN

1. A partir del último párrafo de Tozer, conviene que meditemos "en esta verdad" [i.e. "vivir para la gloria de Dios, realmente y con determinación", en todo lo que hacemos]. Lo podemos hacer cuando "hablamos a menudo sobre ella con Dios en nuestras oraciones, la recordamos con frecuencia en nuestra mente". Intenta hacerlo por un día, luego una semana y, por último, durante un mes. Necesitamos sustituir esta perspectiva divisoria de lo sagrado y lo secular con la perspectiva divina según la cual nuestras labores cotidianas pueden llevarse a cabo como actos de adoración aceptable delante de Dios. Eso requerirá mucha "oración reverente para escapar por completo de la psicología que divide lo sagrado de lo secular". En segundo lugar, conforme Dios obra la salida de esa mentalidad, observa los cambios que ocurren a tu alrededor y que Él pone en tu corazón para que ores.

2. "El Señor Jesucristo mismo es nuestro ejemplo perfecto, y Él no conoció una vida dividida". Tozer señala que Jesús "vivió en ese cuerpo aquí entre los hombres, y nunca llevó a cabo un

solo acto que no fuera sagrado". Como creyentes, debemos someternos al examen del Espíritu Santo y preguntarnos: ¿Tenemos vidas divididas? ¿Está separado el acto sagrado de orar de las actividades seculares de la vida? Si está separado, no reaccionaremos a las circunstancias estresantes, dolorosas o difíciles con una oración espontánea en nuestro corazón y en nuestra mente. Reflexiona en las últimas cuarenta y ocho horas de tu vida, y piensa si ha habido o no una separación entre lo sagrado y lo secular. Responde con franqueza.

3. Engañarnos a nosotros mismos puede impedirnos ver claramente la separación entre lo sagrado y lo secular que ha ocurrido lentamente en nuestra vida, y sus efectos en nuestra vida de oración. Si tienes dificultades para saber cómo vivir para la gloria de Dios, busca a un creyente maduro que te anime en ese propósito.

4. Si no es posible encontrar esa persona, considera el siguiente ejemplo y cómo responderías en esa situación: estás caminando en un estacionamiento y encuentras un papel. Dado que es similar al que llevabas en tu bolsillo, lo recoges para asegurarte de no perderlo. En el papel está escrito un borrador de una carta para un supervisor de libertad condicional. El autor de la carta indudablemente ha sido arrestado por posesión de drogas y ha sido encarcelado, pero ahora, años después, su vida ha dado un vuelco. El individuo, que ahora está casado, busca poner fin a la libertad condicional.

¿Responderías con indiferencia y tirarías inmediatamente el papel? ¿Responderías con desprecio hacia esa persona? ¿Dirías "si no fuera por la gracia de Dios, yo estaría en la misma situación"? ¿O responderías con empatía orando por la solicitud, la salvación, y el futuro de esa persona? Alguien podría incluso escribir una nota que diga "estoy orando por ti", y ponerla junto al auto donde encontró la nota. Este es un evento secular que puede, y debería, volverse sagrado. Para el individuo que hace todo para la gloria de Dios, los dos se fusionan fácilmente. ¡Cada día de nuestra vida abunda en ocasiones como estas para bendecir y orar!

3

EL SACRAMENTO DE VIVIR: PARTE 2

No hemos terminado el tema la contraposición entre lo sagrado y lo secular. Los hábitos arraigados no mueren fácilmente. Se requiere pensar con inteligencia y una gran dosis de oración reverente para escapar por completo de la psicología que divide lo sagrado y lo secular.

Por ejemplo, puede ser difícil para el cristiano promedio acostumbrarse a la idea de que sus labores cotidianas pueden llevarse a cabo como actos de adoración aceptable a Dios por medio de Jesucristo. De cuando en vez, la vieja antítesis va a resurgir en algún lugar de su cabeza, y va a perturbar su paz mental. La vieja serpiente, el diablo, tampoco se quedará tranquila. Estará allí en el auto o en el escritorio, o en el campo, para recordarle al cristiano que está entregando lo mejor de su día a las cosas de este mundo y descuidando sus deberes religiosos a los que solo asigna una fracción insignificante de su tiempo. Y a menos que tenga cuidado, esto creará confusión y traerá desaliento y pesadumbre a su corazón.

A esto podemos hacer frente con éxito solo mediante el ejercicio de una fe activa. Debemos ofrecer todos nuestros actos a Dios y creer que Él los acepta. Luego, aferrarnos a nuestra posición e insistir constantemente en que cada acto de cada hora de nuestro día y noche está incluido en dicha transacción. En nuestros momentos de oración privada, sigamos recordando a Dios que llevamos a cabo cada acto para su gloria, y elevemos además miles de oraciones fugaces en nuestro diario vivir. Practiquemos el arte de convertir cada obra en una ministración sacerdotal. Creamos que Dios está presente en todos nuestros actos sencillos, y aprendamos a encontrarlo allí también.

Un error concomitante que surge de la antítesis entre lo sagrado y lo secular de la que hemos hablado se aplica a los lugares geográficos. Apenas sorprende que leamos el Nuevo Testamento y todavía creamos que algunos lugares son inherentemente sagrados. Este error está tan generalizado, que uno se siente solo cuando trata de combatirlo. Ha funcionado como una especie de tintura en el pensamiento de las personas religiosas, y ha teñido los ojos tan bien que es casi imposible detectar su falacia. A pesar de todas las enseñanzas del Nuevo Testamento que afirman lo contrario, se ha repetido y cantado a lo largo de los siglos y se ha aceptado como parte del mensaje cristiano, que con toda seguridad no lo es. Solo los cuáqueros, hasta donde sé, han tenido la percepción para ver el error y la valentía para denunciarlo.

Estos son los hechos tal como los veo. Durante cuatrocientos años, Israel había morado en Egipto, rodeado de la idolatría más burda. Por mano de Moisés salieron al fin y emprendieron el camino a la tierra de la promesa. Habían perdido el concepto mismo de la santidad. Para corregir esto, Dios empezó por la base. Él se manifestó en la nube y el fuego, y más adelante, cuando se había construido el tabernáculo, habitó en la manifestación con fuego en el lugar santísimo. A través de un sinnúmero de comparaciones, Dios enseñó a Israel la diferencia entre lo que es santo y lo que no es santo. Había días santos, artefactos santos, vestiduras santas. Había lavamientos, sacrificios, ofrendas de muchas clases. Por medio de esto, Israel aprendió que *Dios es santo*. Esto era lo que Dios estaba enseñándoles, no la santidad de las cosas o lugares. La santidad de Jehová era la lección que debían aprender.

> **Que cada hombre sea fiel al llamado que ha recibido, y que su obra sea tan sagrada como la obra del ministerio.**

Entonces llegó el gran día cuando Cristo apareció. Y no tardó en empezar a decir: "Oísteis que fue dicho a los antiguos… pero yo os digo" (Mt. 5:21-22). La enseñanza del Antiguo Testamento había terminado. Cuando Cristo murió en la cruz, el velo del templo quedó rasgado de arriba abajo. El lugar santísimo quedó abierto para todo el que entre allí por la fe. Las palabras de Cristo fueron recordadas: "La hora viene cuando ni en este monte ni en Jerusalén adoraréis al Padre… mas la hora viene, y ahora es, cuando los verdaderos adoradores adorarán al Padre en espíritu y en verdad; porque también el Padre tales adoradores busca que le adoren. Dios es Espíritu; y los que le adoran, en espíritu y en verdad es necesario que adoren" (Jn. 4:21, 23-24).

Poco después, Pablo pregonó el grito de libertad y declaró todas las carnes limpias, todos los días santos, todos los lugares sagrados, y cada acto aceptable a Dios. El carácter sagrado de los tiempos y los lugares, una sombra necesaria para la educación de la raza, desapareció frente a la plenitud del sol de la adoración espiritual.

La espiritualidad esencial de la adoración fue propiedad de la iglesia hasta que poco a poco se perdió con el paso de los años. Entonces el *legalismo* natural de los corazones caídos de los hombres empezó a introducir las antiguas distinciones. La iglesia volvió a observar días, estaciones y tiempos. Ciertos lugares fueron escogidos y marcados como santos en un sentido espiritual. Se observaron diferencias entre uno y otro día, lugar, o persona. Los "sacramentos" fueron al comienzo dos, luego tres, luego cuatro, hasta que con el triunfo del romanismo llegaron a siete.

Con todo el amor, y sin deseo alguno de empañar la imagen de ningún cristiano, por equivocado que esté, yo diría que la Iglesia católica romana representa hoy la herejía divisiva de lo sagrado y lo secular llevada a su conclusión lógica. Su efecto más letal radica en la división completa que introduce entre la religión y la vida. Sus maestros intentaron evitar esta división con muchas notas al pie de página y una multitud de explicaciones, pero la búsqueda instintiva de lógica de la mente es demasiado fuerte. En la vida práctica la división es un hecho.

Los reformadores, los puritanos y los místicos se han esforzado por liberarnos de este yugo. Hoy, la tendencia en los círculos conservadores es volver de nuevo al yugo. Se dice que un caballo, después de haber sido sacado de un edificio en llamas, en ocasiones, por una extraña obstinación, se suelta de su rescatador y corre de vuelta al edificio, donde muere entre las llamas. Por alguna tendencia similar a la obstinación, el fundamentalismo en nuestros días se mueve hacia la esclavitud espiritual. La observación de días y tiempos adquiere más y más protagonismo entre nosotros. La "Cuaresma", la "Semana Santa" y el "Viernes Santo" son palabras que se escuchan con mayor frecuencia en los labios de cristianos del evangelio. No sabemos cuándo es suficiente.

A fin de no ser malentendido sino todo lo contrario, quisiera resaltar las implicaciones prácticas de la enseñanza que he traído a discusión, a saber, el carácter sagrado del diario vivir. En contraste con sus significados positivos, me gustaría señalar unas pocas cosas que no significa.

Por ejemplo, no significa que todo lo que hacemos reviste igual importancia, que todo lo que hacemos o podemos hacer tiene una importancia equivalente. Un acto en la vida de un buen hombre puede diferir por completo de otro en importancia. Lo que hacía Pablo cosiendo tiendas no fue igual al acto de escribir una epístola a los Romanos, pero ambos reciben la aceptación de Dios, y ambos fueron verdaderos actos de adoración. Ciertamente es más importante conducir un alma a Cristo que sembrar un huerto, pero sembrar el huerto *puede* ser un acto tan santo como ganar un alma…

El "laico" nunca debe considerar su humilde tarea como algo inferior a la de su ministro. Que cada hombre sea fiel al llamado que ha recibido, y que su obra sea tan sagrada como la obra del ministerio. No es lo que el hombre hace lo que determina si su obra es sagrada o secular, sino por qué lo hace. El motivo lo es todo. Que un hombre santifique al Señor Dios en su corazón, y entonces, a partir de ahí, ningún acto suyo será común. Todo lo que hace es bueno y aceptable a Dios por medio de Jesucristo. Para tal hombre, vivir en sí mismo será una ministración sacerdotal. Conforme lleva a cabo su labor, que nunca es tan sencilla, oirá la voz del serafín diciendo: "Santo, santo, santo, Jehová de los ejércitos; toda la tierra está llena de su gloria" (Is. 6:3).

Extracto de *The Pursuit of God* (1948; reimpr.,
Chicago: Moody, 2015). Publicado en español
por Wingspread Publishers con el título
La búsqueda de Dios.

EXPLOREMOS CON TOZER

La segunda parte del "sacramento de vivir" es una continuación del conflicto entre lo sagrado y lo secular con un énfasis en aspectos específicos. Por ejemplo, la separación entre lo secular y lo sagrado suele ser un hábito arraigado en los creyentes, y para romperlo es preciso reconocerlo como una batalla espiritual. Esta batalla requiere una fe en Dios como arma ofensiva, y mucha oración, pero es una batalla que debe librarse continuamente a lo largo de cada día. Con toda seguridad habrá deslices o fracasos en la batalla, pero perseveramos aferrándonos aún más a nuestro Salvador. Tozer señala además que esta batalla por la santidad en todo lo que hacemos fue un problema recurrente en la historia de Israel, lo fue en el período de la iglesia primitiva, y lo ha sido en la iglesia desde entonces. Es una realidad que no podemos ignorar, ¡pero en Cristo y solo en Él tenemos la victoria!

REFLEXIÓN Y APLICACIÓN

1. Tozer señala con razón que la victoria en esta lucha entre lo sagrado y lo secular se puede lograr únicamente mediante el ejercicio de una fe firme como arma ofensiva. Debemos ofrecer todos nuestros actos y creer que Él los acepta. Luego, aferrarnos a esa posición y perseverar en declarar cada acto de cada hora del día y la noche como parte de la transacción. Recordemos a Dios en los momentos de oración privada que cada acto lo llevamos a cabo para su gloria, y elevemos además miles de oraciones fugaces en

nuestro diario vivir. Practiquemos el arte de convertir cada obra en una ministración sacerdotal.

Tozer señala cuatro pasos en este proceso: (1) tener una fe firme en Dios, (2) someter todos nuestros actos a Él, (3) orar en privado, y (4) elevar miles de oraciones fugaces. ¿Limita el mundo tus oraciones? ¿Cómo proteges ese tiempo?

2. La oración en privado y las múltiples oraciones fugaces deben estar presentes por igual en la vida del creyente que procura separarse de la dicotomía entre lo sagrado y lo secular. ¿Por qué?

3. Por lo general, resulta más fácil evaluar la oración privada, dado que se le asigna por lo general un tiempo específico o una hora del día. Sin embargo, las oraciones fugaces ofrecen más libertad, porque obedecen al impulso del Espíritu Santo en el instante en el que se producen. ¿Qué oraciones fugaces significativas has tenido en las últimas veinticuatro horas?

4. Los reformadores, los puritanos y los místicos se esforzaron por liberarnos del yugo de la herejía divisoria entre lo sagrado y lo secular. "Hoy, la tendencia en los círculos conservadores es volver de nuevo al yugo". Enumera algunas manifestaciones de este yugo que has notado en tu vida y en tu iglesia, y cómo han afectado tu vida de oración.

5. Por último, "que cada hombre sea fiel al llamado que ha recibido, y que su obra sea tan sagrada como la obra del ministerio. No es lo que el hombre hace lo que determina si su obra es sagrada o secular, es por qué lo hace. El motivo

lo es todo". Proverbios 16:2 dice: "Todos los caminos del hombre son limpios en su propia opinión; pero Jehová pesa los espíritus". ¡Reflexiona en tus motivaciones para tu llamamiento! ¡Examina tus motivos para orar! Si tus motivos son incorrectos, ¿qué puedes hacer?

PARA ESTAR BIEN, DEBEMOS PENSAR BIEN

Lo que pensamos en nuestros momentos de libertad, cuando podemos pensar en lo que nos place, es lo que somos, o aquello en lo que nos convertiremos.

La Biblia habla mucho acerca de nuestros pensamientos, mientras que el evangelicalismo actual casi nada dice al respecto. La razón por la cual la Biblia habla tanto de nuestros pensamientos es porque revisten una importancia vital. La razón por la cual el evangelicalismo dice tan poco de ellos es una reacción exagerada a las sectas del "pensamiento" como el Nuevo Pensamiento, la Unidad, la Ciencia Cristiana, y otros parecidas. Para estas sectas, los pensamientos son prácticamente todo, y para contrarrestar este enfoque reaccionamos relegándolos casi al olvido. Ambas posiciones son incorrectas.

Nuestros pensamientos no solo revelan lo que somos, sino que predicen aquello en lo que nos convertiremos. Salvo por aquellas conductas que surgen de nuestros instintos básicos naturales, todo comportamiento consciente está precedido por y nace de nuestros pensamientos. La voluntad puede convertirse en sierva de los pensamientos, y en gran medida incluso nuestras emociones obedecen a nuestros pensamientos. "Entre más pienso en eso más me enojo" es la manera como lo expresa el hombre promedio, y con esto no solo refiere con precisión su propio proceso mental, sino que ofrece, inconscientemente, un tributo al poder del pensamiento. Pensar provoca el sentimiento, y el sentimiento desencadena la acción. Fuimos creados de esa manera, y hace bien aceptarlo.

Los Salmos y los profetas contienen numerosas referencias al poder del pensamiento correcto para despertar el sentimiento religioso e incitarnos a la conducta correcta. "Consideré mis caminos, y volví mis pies a tus testimonios" (Sal. 119:59). "En mi meditación se encendió fuego, y así proferí con mi lengua" (Sal. 39:3). De manera reiterada, los escritores del Antiguo Testamento nos exhortan a tener momentos de quietud y a pensar en cosas santas y elevadas como una preparación para corregir nuestra vida, una buena obra o un acto de valor.

No solo el Antiguo Testamento habla acerca de la facultad de pensar que Dios ha dado a los seres humanos. Cristo enseñó que los hombres se corrompen al pensar mal, e incluso llega a equiparar pensamiento con acción. "Pero yo os digo que cualquiera que mira a una mujer para codiciarla, ya adulteró con ella en su corazón" (Mt. 5:28). Pablo refirió una lista de virtudes notables y ordenó: "En esto pensad" (Fil. 4:8).

Estas no son más que cuatro de cientos de referencias que podrían citarse de las Escrituras. Pensar en Dios y en las cosas santas crea un clima moral que favorece el crecimiento de la fe, el amor, la humildad y la reverencia. Por medio del pensamiento no es posible regenerar nuestro corazón, ni limpiarnos de nuestro pecado, ni quitar las manchas al leopardo. Tampoco podemos mediante el pensamiento añadir un codo a nuestra estatura ni volver el mal bien o las tinieblas luz. Enseñar esto constituye una distorsión de la verdad bíblica y una justificación de nuestra propia perdición. Sin embargo, por medio del pensamiento inspirado por el Espíritu podemos convertir nuestra mente en un santuario puro en el que Dios se complace morar.

En un párrafo anterior me referí a "nuestros pensamientos voluntarios", y después de considerarlo bien, usé el término. En nuestro viaje por este mundo malvado y hostil, nos vemos obligados a soportar el bombardeo de muchos pensamientos que no son de nuestro agrado y por los cuales no sentimos afinidad alguna. La necesidad de ganarse la vida en cierto oficio puede obligarnos durante días y días a entretener pensamientos para nada elevados. Enterarnos de las andanzas de nuestro prójimo nos trae pensamientos que resultan repugnantes a nuestra alma cristiana. Esto puede afectarnos un poco, pero no más que eso. No somos responsables por esos pensamientos, y pueden pasar por nuestra mente como cruza el ave en el aire, sin dejar huella. No tienen un efecto duradero porque no son nuestros. Son intrusos inoportunos por los cuales no sentimos afecto alguno, y de los cuales nos deshacemos tan pronto como podemos.

Cualquiera que desea comprobar su verdadera condición espiritual puede hacerlo examinando sus pensamientos voluntarios en las últimas horas o días. ¿Cuáles eran tus pensamientos cuando podías pensar en lo que te placía? ¿Hacia qué se inclinaba tu corazón en tu interior cuando tenías la libertad de hacerlo en cualquier dirección? Cuando se liberó el ave del pensamiento, ¿voló como el

La práctica prolongada del arte de la oración mental... ayudará a cultivar el hábito del pensamiento santo.

cuervo para posarse sobre los cadáveres flotantes, o como la paloma que sobrevoló y regresó al arca de Dios? Es fácil realizar esta clase de examen, y si somos sinceros con nosotros mismos, podemos descubrir no solamente lo que somos sino también aquello en lo que nos convertiremos. En breve seremos la suma de nuestros pensamientos voluntarios.

Si bien nuestros pensamientos impulsan nuestros sentimientos, y por ende influyen en nuestra voluntad, también es cierto que la voluntad puede y por tanto debe gobernar sobre nuestros pensamientos. Toda persona normal puede decidir qué pensar. Por supuesto que al hombre afligido o tentado puede parecerle un poco difícil controlar sus pensamientos, e incluso cuando se concentra en algo honorable lo pueden asaltar pensamientos fugaces y descontrolados que irrumpen en su mente como relámpagos en una noche de verano. Es probable que estos sean más molestos que dañinos, y que en el largo plazo no lo afecten de manera significativa.

La mejor forma de controlar nuestros pensamientos es ofrecer nuestra mente a Dios en una sumisión completa. El Espíritu Santo la aceptará y de inmediato tomará control de ella. Entonces resultará relativamente fácil pensar en cosas espirituales, en especial si entrenamos nuestros pensamientos mediante largos períodos de oración diaria. La práctica prolongada del arte de la oración mental (es decir, hablar con Dios internamente mientras trabajamos o viajamos) ayudará a cultivar el hábito del pensamiento santo.

Extracto de *Born After Midnight* (1959; reimpr., Chicago: Moody, 2015).

EXPLOREMOS CON TOZER

Esta selección pareciera muy similar a los dos capítulos anteriores que tratan acerca del dilema entre lo sagrado y lo secular, pero en realidad examina el corazón del problema: el pensamiento correcto lleva al acto correcto. El acto correcto en el que nos hemos enfocado es la oración correcta, y el pensamiento correcto empieza con atesorar la Palabra de Dios no solo en nuestro corazón y en nuestra mente, sino permitiéndole que renueve nuestra mente en todas las esferas de la vida, en lo sagrado y en lo secular. Romanos 12:1-2 plasma este proceso:

> Así que, hermanos, os ruego por las misericordias de Dios, que presentéis vuestros cuerpos en sacrificio vivo, santo, agradable a Dios, que es vuestro culto racional. No os conforméis a este siglo, sino transformaos por medio de la renovación de vuestro entendimiento, para que comprobéis cuál sea la buena voluntad de Dios, agradable y perfecta.

Por supuesto, para convertirse en realidad, este proceso requiere tiempo, la rendición completa de la mente a Dios, y disciplina en el poder del Espíritu Santo. A medida que Dios transforma nuestra mente y nuestros corazones, nuestra vida de oración también experimentará esa transformación conforme buscamos y oramos para hacer la voluntad de Dios en todo.

Tozer menciona dos clases de pensamiento: el pensamiento forzado y el voluntario. Describió los pensamientos forzados como aquellos "que no son de nuestro agrado y por los cuales no sentimos afinidad alguna", y que son "repugnantes para nuestra alma cristiana". Son intrusos que pasan sin dejar rastro. Pero ¿qué de los pensamientos forzados que son distorsiones, mentiras, verdades a medias, y sutilezas peligrosas que socavan nuestra fe en Dios como lo que dijo la serpiente a Eva en el huerto de Edén (Gn. 3:1-5)? Si esta clase de pensamientos no son examinados a la luz de la Palabra de Dios, el resultado final será una oración defectuosa, menos oración o, al final, su desaparición completa. "Satanás está en guerra contra Dios, y lo que está en juego es nada menos que el control de las mentes de los cristianos".[1]

Tozer usa los "pensamientos voluntarios" de las últimas horas o días como la prueba de fuego de nuestra verdadera condición espiritual. Las inclinaciones de esos pensamientos voluntarios revelan las direcciones del corazón interior. Proverbios 23:7 dice: "Porque cual es en su pensamiento en su corazón, [(o literalmente "estima su alma")], tal es él". Así pues, esos pensamientos o estimaciones del alma revelan la esencia total de un hombre o una mujer, y su deseo de agradar al Padre en oración.

REFLEXIÓN Y APLICACIÓN

1. Haz un inventario de tus pensamientos voluntarios de la última semana. ¿Han girado esos pensamientos en torno a las cosas de Dios y la oración, o a las actividades diarias y las metas personales? Toma una hoja y anota las tendencias de tus pensamientos en dos columnas: Dios y todo lo demás. En el otro lado de la hoja, anota las tendencias de tus oraciones durante la última semana: el reino de Dios o tu reino. Analiza

---

1. Earl Radmacher, *You and Your Thoughts: The Power of Right Thinking* (Tyndale, 1977; reimpr. Dallas, OR: Redeeming Press, 2014), s. p. Este pequeño libro ofrece una gran revelación acerca del tema de la batalla por nuestra mente.

la correlación entre los dos resultados. ¿Qué debes hacer a partir de estos hechos?

2. Tozer habla de entrenar nuestros pensamientos mediante largos períodos de oración diaria. ¿Cómo podemos lograrlo en este mundo o en esta cultura tan atareados, agitados, donde hacemos mil cosas a la vez y vivimos dominados por la tecnología? Prueba algunos cambios en tu estilo de vida para determinar si se incrementa tu tiempo para la oración y tu inclinación a orar.

3. "La práctica prolongada del arte de la oración mental (es decir, hablar con Dios internamente mientras trabajamos o viajamos) ayudará a cultivar el hábito del pensamiento santo". Intenta poner esto en práctica durante un día, luego una semana y, por último, durante un mes. Dimensiona el valor de este experimento o, mejor aún, evalúalo con la ayuda de un consejero u otro creyente. Gran parte del éxito de este experimento a los ojos de Dios radica en el hecho de rendir cuentas de tu desempeño a otra persona.

4. A medida que te esfuerzas por dar más y más control de tus pensamientos voluntarios a Dios, ¿cómo afecta esto tu respuesta frente a la tentación, a la confesión de pecado, a la adoración diaria, a las necesidades de otros, y a los apuros de nuestra nación?

LA ORACIÓN NO REEMPLAZA LA OBEDIENCIA

¿**H**as notado cuánto se ha orado recientemente por avivamiento, y cuán poco avivamiento ha acontecido?

Si fuera por la cantidad de oraciones que se elevan en estos días, ríos de avivamiento deberían fluir ahora mismo en bendición por toda la tierra. El hecho de que no haya tal resultado evidente no debe desanimarnos. Antes bien, debería animarnos a investigar por qué nuestras oraciones no reciben respuesta.

Todo tiene su propia causa, tanto en el reino de Dios como en el mundo natural. La razón de la evidente reticencia de Dios para mandar avivamiento puede parecer profunda, pero no demasiado para que no pueda descubrirse.

Creo que nuestro problema es que hemos tratado de sustituir la oración por obediencia, y esto sencillamente no va a funcionar.

Por ejemplo, una iglesia sigue sus tradiciones sin detenerse mucho a pensar si son o no bíblicas. O cede a la presión de la opinión pública y cae en las tendencias de moda que la alejan del modelo del Nuevo Testamento. Luego los líderes perciben la falta de poder espiritual de los miembros de su congregación, y se inquietan. ¿Qué pueden hacer? ¿Cómo pueden experimentar la renovación espiritual que tanto necesitan? ¿Cómo pueden propiciar las lluvias de avivamiento sobre sus almas que desfallecen?

La respuesta está a su alcance. Los libros les dicen cómo: ¡oren! El evangelista itinerante confirma lo que han dicho los libros: ¡oren! La palabra se repite una y otra vez, en un crescendo que se convierte en rugido: ¡oren! Así que el pastor convoca a su pueblo a orar. Pasan días y noches rogando a Dios su misericordia y un avivamiento sobre su pueblo. La ola de sentimiento sube, y por un momento parece que el avivamiento está en camino. Pero nada sucede, y el celo por la oración empieza a desvanecerse. Al poco tiempo, la iglesia regresa al punto donde comenzó, y un desaliento indiferente se posa sobre todos. ¿Qué salió mal?

Esto es simplemente lo que sucedió: ni los líderes ni la congregación han hecho esfuerzo alguno por obedecer la Palabra de Dios. Sintieron que su única debilidad era descuidar la oración cuando en realidad había muchas fallas en asuntos de obediencia vitales. "Obedecer es mejor que los sacrificios" (1 S. 15:22). La oración nunca es aceptable como reemplazo de la obediencia. El Señor soberano rechaza la ofrenda de sus criaturas que no está acompañada de obediencia. Orar por avivamiento cuando se pasan por alto o se incumplen los preceptos claramente consignados en las Escrituras es un desperdicio de palabras y ninguna solución.

> **La oración nunca es aceptable como reemplazo de la obediencia.**

En años recientes se ha pasado por alto el hecho de que la fe de Cristo es un árbitro absoluto. Dicha fe se reserva el derecho prioritario sobre toda la personalidad redimida, y se apropia del individuo excluyendo cualquier otro reclamo. Más exactamente, formula toda reivindicación legítima sobre la vida cristiana, y determina el lugar que cada una debe ocupar dentro del plan general. El acto de comprometerse con Cristo en la salvación libera al creyente de la condena por el pecado, pero no lo exime de su obligación de obedecer las palabras de Cristo. Antes bien, invita al creyente a someterse a la gozosa necesidad de obedecer.

Mira las epístolas del Nuevo Testamento y observa la medida exagerada en la que se catalogan equivocadamente como "perentorios", o asuntos de exhortación. Al dividir las epístolas entre "doctrinales" y "perentorias", nos hemos librado de cualquier responsabilidad de obedecer los pasajes de amonestación. Los pasajes doctrinales nada nos piden excepto que los creamos. Los pasajes catalogados como exhortación son bastante inofensivos, ya que el término mismo *exhortación* los declara palabras de consejo y aliento, en lugar de mandamientos que deben obedecerse. Este es un error palpable.

Las exhortaciones en las epístolas deben entenderse como mandatos apostólicos que tienen el mismo peso de las órdenes imperativas de la Cabeza de la Iglesia, Cristo mismo. Están dadas para que las obedezcamos, no para ser sopesadas como porciones de buenos consejos que tenemos la libertad de aceptar o rechazar a nuestro antojo.

Si queremos la bendición de Dios sobre nosotros, debemos empezar a obedecer. La oración se volverá eficaz cuando dejemos de usarla como reemplazo de la obediencia. Dios no aceptará la oración en reemplazo de la obediencia. Cuando tratamos de hacer la sustitución solo nos engañamos a nosotros mismos.

Extracto de *Of God and Men* (1960; reimpr.,
Chicago: Moody, 2015).

EXPLOREMOS CON TOZER

Las palabras del profeta Samuel a Saúl, el primer rey de Israel, "obedecer es mejor que los sacrificios" (1 S. 15:22) aparecen en el contexto del ofrecimiento de Saúl de las mejores ovejas del botín de los amalecitas. Esto hizo Saúl en lugar de la excelencia de sencillamente obedecer la Palabra del Señor. Se trata de un conflicto que viven todos los creyentes cuando se enfocan en lo bueno en lugar de procurar lo más excelente. Tozer hace esta conexión entre la oración y la obediencia. Para tener más claridad acerca de estos pensamientos, observa las palabras del Señor a Jeremías:

Porque me volvieron la cerviz, y no el rostro; y en el tiempo de su calamidad dicen: Levántate, y líbranos (2:27).

Les mostraré las espaldas y no el rostro, en el día de su perdición (18:17).

Y me volvieron la cerviz, y no el rostro; y cuando los enseñaba desde temprano y sin cesar, no escucharon para recibir corrección (32:33).

Las palabras de Jeremías describen justamente una vida de desobediencia al Señor ("me volvieron la cerviz"), no un rostro que ora cuando vienen las dificultades o los tiempos de angustia. La oración al Señor debe fundarse en una vida de obediencia al Señor en el poder del Espíritu Santo. Como vemos en el pasaje, el resultado es que Dios trata como corresponde a los desobedientes dándoles la espalda y no su rostro. Por ejemplo, sus oraciones no son contestadas. Este es el punto que Tozer ha tratado acerca de la mucha oración con tan poco resultado. Es preciso investigar o indagar la razón de por qué nuestras oraciones no son contestadas. Este examen sincero debe hacerlo el creyente a nivel individual, y el cuerpo de creyentes de manera colectiva. Sin esto, iremos en retroceso en lugar de avanzar (Jer. 7:24) en nuestro andar con Cristo y en nuestra vida de oración.

REFLEXIÓN Y APLICACIÓN

1. Tozer observa que, en el lapso de su ministerio (desde 1919 hasta 1963), se oró mucho por un avivamiento, durante un período en el que hubo dos guerras mundiales y la Gran Depresión. En muchos sentidos, los tiempos no son mejores en la actualidad. ¿Está orando tu iglesia por avivamiento? ¿Estás orando por lo mismo? Evalúa tus oraciones por avivamiento tanto a nivel local como nacional. Evalúa asimismo tu obediencia a las palabras del Señor en los últimos treinta días. ¿Hay una correlación entre los dos aspectos de tu oración por avivamiento y tu obediencia al Señor? ¿Qué deberías hacer?

2. ¿Por qué es mucho más fácil orar por avivamiento que obedecer la Palabra de Dios? Este es un cuestionamiento sincero y crucial que todo creyente debe hacerse antes de lograr una vida de oración que se caracterice por poder de lo alto.

3. Tozer dice que, cuando tratamos de reemplazar la oración en lugar de obedecer, algunos resultados son la disminución del celo por orar, el desánimo indiferente por la oración, y el autoengaño. Dedica tiempo a solas con el Señor, y pídele que

renueve tu celo por obedecer a diario, y una vida de oración que responda a los desafíos y oportunidades cotidianos.

4. Por último, cuídate de no caer en el yugo legalista con respecto a la oración y la obediencia. Es fácil pensar que entre más obedece alguien más le debe Dios en oración. Cuando el creyente es obediente al Señor, desarrolla la mente de Cristo y ora más por lo que Dios le muestra que debe orar. Nada legalista hay en esto, sino, antes bien, una libertad para estar en los negocios del Padre y para ser una bendición para las personas en nuestra esfera de influencia. ¡Pide al Espíritu de Dios que te examine y te limpie de toda idea que no proviene de Él!

LA IMPORTANCIA DE LA ORACIÓN EN LA OBRA ETERNA DE DIOS

A los seres humanos nos resulta difícil aceptar la enseñanza bíblica según la cual la obra de Dios a través de la iglesia solo puede llevarse a cabo por medio de la obra vigorizante del Espíritu Santo. Es un hecho que frustra nuestro deseo carnal de recibir honra y alabanza, gloria y reconocimiento.

En términos sencillos, Dios ha sido muy bondadoso y tierno con nosotros. Sin embargo, Él es absolutamente intransigente con nuestro orgullo y carnalidad humanos. Por eso, su Palabra presiona con tanta fuerza la "carne orgullosa", e insiste en que entendamos y confesemos que ningún don ni talento humano pueden llevar a cabo la obra suprema y eterna de Dios.

La gloria solo puede pertenecer a Dios. Cuando nosotros tomamos la gloria, le estamos robando a Dios lo que le pertenece en la iglesia.

Considera, pues, lo que hizo Jesucristo realmente. Él dio dones especiales "a fin de perfeccionar a los santos para la obra del ministerio, para la edificación del cuerpo de Cristo" (Ef. 4:12). El pasaje bíblico no se refiere únicamente a ministros que han sido ordenados tal como los conocemos. El ministerio que deben hacer los santos producirá la edificación del Cuerpo de Cristo, "hasta que todos lleguemos a la unidad de la fe y del conocimiento del Hijo de Dios, a un varón perfecto, a la medida de la estatura de la plenitud de Cristo" (4:13).

Un segundo requisito importante para que la iglesia de creyentes pueda ser usada en la obra eterna de Dios es la oración. El tema de la oración en realidad tiene que ver con los grandes privilegios del pueblo común, los hijos de Dios. Sin importar cuál sea nuestra estatura o nuestra posición, tenemos la autoridad en la familia de Dios para elevar la oración de fe. La oración de fe involucra el corazón de Dios, cumpliendo así las condiciones divinas de vida y de victoria espirituales.

> **Creemos que en una asamblea de creyentes redimidos deberían producirse asombrosas respuestas a la oración.**

Al considerar el poder y la eficacia de la oración debemos preguntarnos por qué pertenecemos a una congregación cristiana y qué se propone ser y hacer dicha congregación. Tenemos que considerar si andamos por ahí dando vueltas nada más, como un carrusel religioso. ¿Estamos montados en un caballo pintado, aferrados a su crin colorida, repitiendo un trayecto de vueltas insignificantes con un agradable fondo musical?

Algunos pueden pensar que el camino del carrusel religioso es un tipo de progreso, pero la familia de Dios conoce un camino mejor. Somos de aquellos que creen en algo más que un simple culto religioso en la misma rutina semanal. Creemos que en una asamblea de creyentes redimidos deberían producirse asombrosas respuestas a la oración.

Creemos que Dios escucha y en realidad contesta nuestras oraciones en el Espíritu. Una respuesta milagrosa a la oración dentro de una congregación hará mucho más para edificar, animar y consolidar al pueblo de Dios que casi cualquier otra cosa. Las respuestas a nuestras oraciones ayudan a levantar los brazos caídos por el desaliento, y a fortalecer las rodillas espirituales que están débiles.

Ni toda la publicidad podrá igualar jamás el interés y la participación en las cosas de Dios que son fruto de generosas respuestas a las oraciones de fe, las cuales han sido motivadas por el Espíritu Santo.

De hecho, ese tipo de oración, y cumplir con los requisitos de Dios, es lo que nos llevará a cumplir el tercer requisito, si Dios ha de cumplir sus propósitos por medio de la iglesia. Me refiero a la dependencia del cristiano del Espíritu Santo, y nuestra disposición a ejercer los dones del Espíritu.

Extracto de Tragedy in the Church (1990;
reimpr., Camp Hill, PA: WingSpread, 2010).

EXPLOREMOS CON TOZER

Tozer señala continuamente que "la enseñanza bíblica según la cual la obra de Dios a través de la iglesia solo puede llevarse a cabo por medio de la vigorizante acción del Espíritu Santo es un hecho que frustra nuestro deseo carnal de recibir honra y alabanza, gloria y reconocimiento".

Nuestro deseo de recibir reconocimiento por nuestros dones, talentos, o la obra que Dios en su soberanía nos ha encomendado, y el éxito (nunca el fracaso) de esa labor divina, obedece a la fragilidad de nuestra naturaleza depravada. Sin embargo, la gloria de todo (éxito o fracaso) le pertenece solo a Dios. Algunos pueden decir que el fracaso es solo responsabilidad nuestra, pero ¿quizá Dios permite el fracaso para quebrar nuestra autosuficiencia de tal modo que Él se glorifica porque nos lleva a depender más de Él?

De igual manera, el Espíritu Santo debe impulsar nuestra oración de fe. No podemos orar con la disciplina de la carne y ser oídos. No podemos ufanarnos de nuestras oraciones respondidas. No podemos ser gente de oración para ser vistos por los hombres. No. ¡Todo debe ser de Dios! El Espíritu Santo inicia la oración del santo cuando este escucha en quietud su voz, le revela promesas a las cuales puede aferrarse en su jornada de oración, y capacita al creyente para perseverar en ello. El Espíritu también faculta al creyente para dar a Dios la gloria cuando viene la respuesta, y edifica la vida del creyente con el Salvador como resultado de este servicio desconocido para otros. Con toda certeza, ¡Dios ve esto y recompensa en su tiempo la obediencia inspirada por el Espíritu Santo!

REFLEXIÓN Y APLICACIÓN

1. Tozer menciona que "en una asamblea de creyentes redimidos deberían producirse asombrosas respuestas a la oración". ¿Has experimentado esa clase de respuestas en tu iglesia? ¿Cómo has reaccionado? ¿Has experimentado esa clase de oraciones respondidas en tu vida? ¿Cuál fue tu respuesta en ese momento y en el presente?

2. Es muy fácil quedar atrapado en un carrusel religioso, "montados en un caballo pintado, aferrados a su crin colorida, repi-

tiendo un trayecto de vueltas insignificantes con un agradable fondo musical". El salmista escribe: "Estad quietos ["dejen de luchar"], y conoced que yo soy Dios" (Sal 46:10). Deja que Dios examine tu corazón para ver si estás montado en esa clase de carrusel en tu iglesia, en tu andar con Él, o incluso en tu vida de oración. A la luz de este examen, ¿qué debes hacer?

3. Una respuesta milagrosa a la oración dentro de una congregación edifica, anima y consolida a los santos más que casi cualquier otra cosa. ¿Ocurre esto en tu iglesia? Si la respuesta es afirmativa, ¿qué clase de milagros se han producido? Si la respuesta es negativa, ¿qué conclusiones o exámenes deben hacerse con prontitud? Plantea las mismas preguntas para tu vida personal.

4. "Ni toda la publicidad podrá igualar jamás el interés y la participación en las cosas de Dios que son fruto de generosas respuestas a las oraciones de fe, las cuales han sido motivadas por el Espíritu Santo". ¿Es este el modelo de la iglesia actual? ¿De tu iglesia? ¿Cómo empezamos a regresar al modelo bíblico en el que todo es guiado por el Espíritu Santo, incluso nuestra oración?

DESPUÉS DE LA MEDIANOCHE

Entre los cristianos orientados hacia el avivamiento he oído el dicho: "Los avivamientos nacen después de la medianoche".

Este es uno de esos proverbios que, si bien no son ciertos en sentido literal, señalan algo muy cierto. Si entendemos el dicho como si Dios no escuchara nuestra oración diurna por avivamiento, por supuesto que no es verdad. Si la tomamos en el sentido de la oración que se eleva cuando estamos cansados y agotados, y que tiene mayor poder que la oración que hacemos cuando estamos descansados y renovados, tampoco es verdad. Dios tendría que ser muy estricto para pedirnos volver nuestras oraciones una penitencia, o para deleitarse en vernos castigándonos a nosotros mismos por medio de la intercesión. Todavía existen vestigios de ese tipo de nociones ascéticas entre algunos cristianos del evangelio, y si bien estos hermanos merecen elogios por su celo, no debe excusarse el atribuir inconscientemente a Dios un rasgo de sadismo indigno aún de hombres caídos.

Sin embargo, la idea de que los avivamientos nacen después de la medianoche encierra una medida considerable de verdad, ya que los avivamientos (o cualquier otro don y gracia espiritual) solo sobrevienen a quienes los desean con suficientes ansias. Puede decirse sin reservas que todo hombre es tan santo y tan lleno del Espíritu como desea serlo. Puede que no esté tan lleno como desearía estarlo, pero indudablemente lo está tanto como lo procura.

Nuestro Señor dejó esto fuera de discusión cuando dijo: "Bienaventurados los que tienen hambre y sed de justicia, porque ellos serán saciados". El hambre y la sed son sensaciones físicas que, en su fase aguda, pueden llegar a ser verdaderamente dolorosas. Un sinnúmero de individuos que buscan a Dios ha experimentado ese anhelo de Él a tal punto que se vuelve doloroso, y de repente han sido saciados de manera prodigiosa. El problema no es convencer a Dios para que nos llene, sino que nosotros lo deseemos tanto que le permitamos a Él hacerlo. El cristiano promedio es tan apático y se contenta con una condición tan miserable, que no existe ese vacío de ansias en el que el Espíritu pueda derramar su plenitud que satisface.

De cuando en vez aparece en el panorama religioso un hombre cuyos anhelos espirituales insatisfechos cobran tal importancia en su vida que nublan cualquier otro interés. Ese hombre rehúsa contentarse con las oraciones seguras y convencionales de los hermanos glaciales que "lideran la oración" semana tras semana y año tras año en las asambleas locales. Sus ansias lo alejan de otros y, a menudo, lo convierten en una persona fastidiosa. Sus hermanos en la fe, desconcertados, sacuden la cabeza y se miran con complicidad, pero como el ciego que clamaba para recibir la vista fue reprendido por los discípulos, él "clamaba mucho más". Y si aún no ha cumplido con los requisitos divinos, o existe algo que estorba la respuesta a su oración, es posible que ore a altas horas de la noche. No es la hora de la noche, sino la condición de su corazón, lo que determina el tiempo de su visitación. Para él bien puede significar que el avivamiento viene después de la medianoche.

Sin embargo, es muy importante que entendamos que las largas vigilias de oración, e incluso el sollozo y las lágrimas, no son en sí mismos actos meritorios. Cada bendición brota de la bondad de Dios como una fuente. Incluso aquellas recompensas por las buenas obras que algunos maestros sobredimensionan, y que siempre comparan con los beneficios recibidos solo por la gracia, en el fondo provienen de la gracia tanto como el perdón del pecado. El apóstol más santo no puede reclamar mérito alguno aparte del de ser un siervo inútil. Los ángeles mismos existen por la pura bondad de Dios. Ninguna criatura puede "ganar" algo en el sentido tradicional de la palabra. Todas las cosas existen por la bondad soberana de Dios, y le pertenecen a Él.

> **Él no puede concedernos los deseos de nuestro corazón hasta que nuestros deseos hayan quedado reducidos a uno solo.**

Lady Juliana lo resumió con estas singulares palabras: "Hay más honra para Dios, y más deleite, que oremos fielmente a Él por su bondad y nos aferremos por su gracia y con verdadero entendimiento, firmes en amor, que si echamos mano de todos los medios que el corazón puede concebir. Porque todos esos medios son demasiado poco, y no glorifican por completo a Dios. En cambio, su bondad encierra toda la plenitud, y en ella nada falla…. Porque la bondad de Dios es la oración suprema, la cual desciende hasta lo más hondo de nuestra necesidad".

A pesar de toda la buena voluntad de Dios hacia nosotros, Él no puede concedernos los deseos de nuestro corazón hasta que nuestros deseos hayan quedado reducidos a uno solo. Cuando hayamos hecho morir nuestras ambiciones carnales, cuando hayamos aplastado al león y a la víbora de la carne, cuando hayamos aplastado bajo nuestros pies al dragón del amor propio y hayamos verdaderamente muerto al pecado, entonces, y solo entonces, Dios puede levantarnos a una nueva vida y llenarnos con su bendito Espíritu Santo.

Es fácil aprender la doctrina del avivamiento personal y la vida victoriosa, pero es algo muy diferente tomar nuestra cruz y escalar lentamente el monte oscuro y amargo de la renuncia a sí mismo. En esto, muchos son llamados y pocos escogidos. Por uno que logra llegar a la tierra prometida, hay muchos que se quedan mirando con ansias al otro lado del río, para luego darse vuelta con tristeza y volver a la aparente seguridad de los escombros de la vida vieja.

No, las oraciones de medianoche no tienen mérito alguno, pero se necesita una mente seria y un corazón determinado para orar más allá de lo acostumbrado y procurar lo extraordinario. La mayoría de los cristianos nunca lo hacen. Lo más probable es que el alma singular que persevera en buscar una experiencia singular la logre después de la medianoche.

Extracto de *Born after Midnight* (1959; reimpr., Chicago: Moody, 2015).

EXPLOREMOS CON TOZER

La mayoría de los cristianos tienen, de manera consciente o inconsciente, algunas ideas erróneas acerca de la oración, especialmente en lo que respecta al avivamiento. Las vigilias de oración, la oración viciada con sollozos y lágrimas, la oración que se eleva en un estado de fatiga y agotamiento, las sesiones de oración a altas horas de la noche, entre otros, pueden tener sombras de ascetismo que carecen de raíces profundas en Dios. Como observa Tozer, "ninguna criatura puede 'ganar' algo en el sentido tradicional de la palabra".

Todas las cosas existen por la bondad soberana de Dios, y le pertenecen a Él.

De igual modo, Lady Juliana abordó el tema diciendo: "Porque la bondad de Dios es la oración suprema, y puede descender hasta lo más hondo de nuestra necesidad".

En verdad, "los avivamientos solo sobrevienen a quienes los desean con suficientes ansias"; por lo general, a individuos cuyos deseos del corazón han quedado reducidos a uno solo: conocer y agradar a Dios (Col. 1:10-18) de tal manera que Cristo tenga el primer lugar en todo. Este proceso de tomar nuestra cruz y de escalar lentamente "el monte oscuro y amargo de la renuncia a sí mismo" es imposible, a menos que nos aferremos a Cristo en el poder del Espíritu Santo y nos movamos en la dirección que su Espíritu nos muestra. Tozer señala con razón que "muchos son llamados" para este viaje, pero un gran número de ellos miran hacia atrás, "a la aparente seguridad de los escombros de la vida vieja". El resultado final es poco fruto, poca sal y poca luz para influir en el mundo alrededor, poco poder, y una débil o inexistente vida de oración.

REFLEXIÓN Y APLICACIÓN

1. Todos necesitamos preguntarnos qué queremos por encima de todas las cosas. ¿Queremos una vida cómoda en términos económicos para nosotros mismos y para nuestra familia? ¿Queremos ver a nuestros hijos triunfar? ¿Queremos reconocimiento en nuestro trabajo o en la casa, o en el uso de

nuestros dones espirituales? Esta lista de lo que queremos "con suficientes ansias" puede extenderse más y más. Sin embargo, ¿dónde están nuestras ansias por avivamiento para nosotros, nuestra familia, nuestra iglesia, nuestra comunidad, nuestro estado, y nuestra nación? Si realmente deseamos un avivamiento "con suficientes ansias", ¿acaso no empezarán nuestros anhelos espirituales a desplazar cualquier otro interés? Además, ¿no decaerá nuestro impulso hacia las oraciones conformistas y convencionales? Medita en la ferviente oración por avivamiento que hizo el profeta menor, en Habacuc 3:2: "Oh Jehová, he oído tu palabra, y temí. Oh Jehová, aviva tu obra en medio de los tiempos, en medio de los tiempos hazla conocer; en la ira acuérdate de la misericordia". Reflexiona y medita en esta oración. ¡Hazla tuya!

2. Tal vez la esencia de anhelar un avivamiento "con suficientes ansias" se encuentre en este versículo: "Si se humillare mi pueblo, sobre el cual mi nombre es invocado, y oraren, y buscaren mi rostro, y se convirtieron de sus malos caminos; entonces yo oiré desde los cielos, y perdonaré sus pecados, y sanaré su tierra" (2 Cr. 7:14).

El verdadero avivamiento tiene cuatro condiciones: humillarnos delante de Dios, orar, buscar el rostro de Dios, y volvernos de nuestros malos caminos. Por supuesto que cumplir con estos requisitos es imposible, a menos que nos sometamos a la dirección y el poder el Espíritu. Pero eso requiere tiempo. Conforme progresamos en cumplir con estos requisitos, Dios oirá nuestras oraciones, perdonará nuestro pecado, y sanará nuestra tierra. Así pues, "Él no puede concedernos los deseos de nuestro corazón hasta que nuestros deseos hayan quedado reducidos a uno solo". Pide a Dios que examine tu propio corazón y en qué medida cumples con estos cuatro requisitos. ¡Pídele que te ayude a anhelar su voluntad en tu vida!

3. "No, las oraciones de medianoche no tienen mérito alguno, pero se necesita una mente seria y un corazón determinado para orar más allá de lo acostumbrado y procurar lo extraordinario. La mayoría de los cristianos nunca lo hacen. Lo más probable es que el alma singular que persevera en buscar una experiencia singular la logre después de la medianoche".

   Evalúa con sinceridad cuál es tu situación a la luz de esta cita de Tozer. ¿Eres serio o poco comprometido? ¿Eres determinado o inconstante? ¿Qué te falta para convertirte en una de esas almas singulares que buscan con vehemencia a Dios en oración?

4. Tozer cita las palabras de Lady Juliana acerca de la bondad de Dios y la oración. Ella comentó: "la bondad de Dios es la oración suprema, y puede descender hasta lo más hondo de nuestra necesidad". ¡Reflexiona, comenta y ora acerca de esta profunda verdad!

ORAR SIN CONDICIONES

A comienzos de su maravillosa vida cristiana, Lady Juliana de Norwich elevó una oración a su Salvador, a la que añadió las sabias palabras: "y esto pido sin condiciones".

Fue la última frase la que impartió poder al resto de su oración y precipitó la respuesta en poderosos torrentes con el paso de los años. Dios pudo responder su oración porque podía hablarle a ella con toda franqueza, sin reservas. Ella no restringía sus oraciones con cláusulas o condiciones. Ella quería ciertas cosas de Dios, sin importar cuánto costara obtenerlas. Dios, por así decirlo, solo tenía que enviarle la cuenta. Ella hubiera pagado cualquier cantidad con tal de obtener lo que ella consideraba provechoso para su alma y un motivo de glorificación para su Padre celestial. Eso es verdadera oración.

Muchos echamos a perder nuestras oraciones por ser demasiado "delicados" con el Señor (como lo expresó algún escritor de antaño). Pedimos con la idea tácita de que el costo debe ser razonable. Después de todo, hay un límite para cada cosa, ¡y no queremos ser unos fanáticos! Queremos que la respuesta nos aporte algo, no que nos quite algo. No queremos nada radical o fuera de lo común, y queremos que Dios se acomode a nuestra conveniencia. Así, imponemos una condición a cada oración, de tal modo que a Dios le resulta imposible contestarla.

En un mundo como el nuestro, la valentía es una virtud indispensable. El cobarde puede lloriquear en su esquina, pero el valiente se lleva el premio. Y en el reino de Dios, la valentía es tan necesaria como lo es en el mundo. El alma apocada es tan detestable de rodillas como lo es en la sociedad.

Muchos echamos a perder nuestras oraciones por ser demasiado "delicados" con el Señor.

Cuando entramos en el aposento de oración, debemos presentarnos llenos de fe y armados de valor. En ningún lugar de toda la esfera de actividad y de pensamiento religioso se necesita tanto la valentía como en la oración. La oración exitosa debe ser sin condiciones. Debemos creer que Dios es amor y que, dado que es amor, no puede dañarnos, sino que siempre nos hace bien. Entonces debemos arrojarnos delante de Él y orar con valentía por aquello que sabemos que su gloria y nuestro bien requieren, ¡y el costo no es un inconveniente! Sea lo que sea que Él en su amor y sabiduría determine, nosotros lo aceptaremos con deleite porque a Él le agradó. Oraciones como estas no pueden quedarse sin respuesta. El carácter y la reputación de Dios garantizan su cumplimiento.

Deberíamos siempre tener presente la infinita bondad y amor de Dios. Nadie debe temer entregar su vida en manos de Él. Su yugo es fácil, y su carga es ligera.

Extracto de *We Travel an Appointed Way* (1988;
reimpr.; Camp Hill, PA: WingSpread, 2010).

EXPLOREMOS CON TOZER

A primera vista, el título de este capítulo nos haría pensar que no hay condiciones para la oración, tales como tener un corazón limpio como resultado de la confesión de pecados, unos pies obedientes, orar en fe y con humildad, conforme a la voluntad de Dios como señalan las Escrituras, permanecer en Él y sus palabras en nosotros, etcétera. Sin embargo, la esencia de las palabras de Tozer es que ya hemos cumplido con estos requisitos para orar, y le hemos hecho nuestras peticiones.

Lo ideal es que hayamos pedido al Señor algo que ha sido inspirado por el Espíritu Santo. Sin embargo, nosotros le añadimos condiciones. Por ejemplo, puede que oremos por la salvación de un amigo, pero con la condición de que Dios use a alguien más, cuando en realidad puede ser que Dios quiera quebrantarnos para manifestar sus misericordias y su poder en nosotros, "para que también la vida de Jesús se manifieste en nuestra carne mortal" (2 Co. 4:11). O quizá oramos por una necesidad legítima que Dios conoce, pero añadimos estipulaciones acerca de cómo debe ser satisfecha. En cualquier caso, lo que hemos pedido de Dios tenía al menos una condición, y esa condición estorbó la respuesta de Dios.

La visión más cercana a este pensamiento podría ser la de Ole Hallesby:[1] "La incapacidad combinada con fe produce oración. Sin fe, nuestra incapacidad no sería más que un vano clamor de angustia en la noche". ¿Acaso no es esta incapacidad la que nos hace más dependientes de Él? No podemos estar verdaderamente en una

---

1. Ole Hallesby, trad. Clarence J. Carlsen, *Prayer* (Minneapolis: Augsburg, 1931), p. 27.

posición de incapacidad si continuamos imponiéndole al Padre condiciones en nuestras peticiones. Orar sin condiciones significa que descansamos en el amor, la gracia y la bondad de Dios, conscientes de que Él hará lo mejor para todos los involucrados, y que se glorificará. Cuando por la fe y bajo la dirección del Espíritu Santo reconocemos nuestra incapacidad frente a la petición que dirigimos al Padre, podemos estar seguros de que habrá una respuesta, pero, sobre todo, que llegaremos a conocerlo mejor a Él.

REFLEXIÓN Y APLICACIÓN

1. "Y esto pido sin condiciones". Como señala Tozer, "esta frase impartió poder al resto de la oración [de Juliana]… Dios pudo responder su oración porque podía hablarle a ella con toda franqueza, sin reservas. Ella no restringía sus oraciones con cláusulas o condiciones. Ella quería ciertas cosas de Dios, sin importar cuánto costara obtenerlas". ¡Esto es, sin duda, verdadera oración! Pasa tiempo con Dios en los próximos días y pídele que examine tu corazón y tu forma de orar. Evita ser demasiado introspectivo, y evalúa las peticiones que has hecho a Dios en los últimos treinta días. Pídele que haga sensibles tu corazón y tu mente, en el poder del Espíritu Santo, para evitar poner condiciones en las peticiones.

2. "Muchos echamos a perder nuestras oraciones por ser demasiado 'delicados' con el Señor". No estamos dispuestos a pagar el precio. Queremos que el costo sea razonable, conveniente, ordinario, o convencional. "Imponemos una condición a cada oración, de tal modo que a Dios le resulta imposible contestarla". Anota en una hoja las condiciones

que has impuesto a tu oración en los últimos treinta días. Quémala como un aroma fragante delante del Señor, y pídele que cambie tu vida de oración.

3. "En el reino de Dios, la valentía es tan necesaria como lo es en el mundo. El alma apocada es tan detestable de rodillas como lo es en la sociedad. Cuando entramos en el aposento de oración, debemos presentarnos llenos de fe y armados de valor". ¿Te ves a ti mismo armado de valor y lleno de fe en tus tiempos de oración? Reflexiona acerca de cómo debe manifestarse ese valor.

4. "La oración exitosa debe ser sin condiciones. Debemos creer que Dios es amor y que, dado que es amor, no puede dañarnos, sino que siempre nos hace bien. Entonces debemos arrojarnos delante de Él y orar con valentía por aquello que sabemos que su gloria y nuestro bien requieren, y el costo no es un inconveniente". Esa clase de oración se basa en el carácter y en la perfecta voluntad de Dios, y como tal, es imposible que quede sin respuesta. Pasa tiempo, quizá una semana o un día, meditando en cada uno de estos atributos o perfecciones de Dios y en cómo afectan tu vida de oración: su autosuficiencia, su omnisciencia, su soberanía, su bondad, su omnipotencia, su omnipresencia, su inmutabilidad, su sabiduría, su santidad, su amor, su gracia, su rectitud, su justicia, y su misericordia.

9

EL PODER DEL SILENCIO

Hay verdades que solo pueden aprenderse en el ruido y la confusión del mercado o en el rigor del combate. El tumulto y el griterío saben cómo impartir sus duras lecciones. Ningún hombre se considera tal si no ha estado en la escuela del trabajo y de la guerra, si no ha escuchado el llanto del nacimiento y el suspiro del final de la vida.

Sin embargo, hay otra escuela a la que el alma debe asistir para aprender sus mejores lecciones eternas. Es la escuela del silencio. "Estad quietos, y conoced", dijo el salmista. Hay una profunda filosofía en esas palabras, las cuales son de aplicación universal.

Entre los cristianos evangélicos, siempre existe el riesgo de que la oración degenere en una fiebre del oro glorificada. Casi todo libro sobre la oración trata principalmente sobre el aspecto de "obtener"; la obtención de aquello que queremos que Dios nos dé ocupa un lugar primordial. Ahora bien, aunque reconozcamos con gusto que podemos pedir y recibir dones y beneficios específicos como respuesta a la oración, nunca debemos olvidar que la forma más elevada de oración nunca son las peticiones. La oración en su momento más santo es tener una comunión con Dios tan íntima y bendecida que, en comparación con los milagros, estos parecen insulsos, y las respuestas extraordinarias a la oración distan mucho de ser maravillosas.

Los hombres santos que vivieron en tiempos más serenos y tranquilos que los nuestros conocían bien el poder del silencio. David dijo: "Enmudecí con silencio, me callé aun respecto de lo bueno; y se agravó mi dolor. Se enardeció mi corazón dentro de mí; en mi meditación se encendió fuego, y así proferí con mi lengua" (Sal. 39:2-3). Aquí hay un consejo para los profetas de Dios modernos. Pocas veces se calienta el corazón mientras la boca está abierta. Una boca cerrada delante de Dios, y un corazón callado son indispensables para la recepción de ciertos tipos de verdad. Ningún hombre está calificado para hablar si no ha escuchado primero.

> **Ningún hombre está calificado para hablar si no ha escuchado primero.**

Puede que para algunos cristianos sea una revelación maravillosa llegar a quedarse callados por un tiempo, lo suficiente, digamos, para conocer sus propias almas y escuchar en silencio la voz profunda del Dios eterno. La experiencia, si se repite con suficiente frecuencia, haría más para curar nuestras úlceras que todas las pastillas que han pasado por un escritorio.

Extracto de *The Set of the Sail* (1986; reimpr., Camp Hill, PA: WingSpread, 2009).

EXPLOREMOS CON TOZER

Es muy probable que desconozcamos el valor del silencio delante de Dios, por dos razones. En primer lugar, puede que no nos demos cuenta de que Dios todavía habla hoy, y que necesitamos pasar tiempo a solas con Él para escuchar su voz. El ruido de nuestra vida frenética, una cultura que "destruye a los hombres impidiéndoles pensar por sí mismos",[1] escribió Tozer, y nuestra búsqueda desenfrenada de significado aparte de Dios nos han impedido oír su voz. Yo dudo seriamente que la mayoría de los creyentes puedan oír la voz de Dios como un viento apacible. Más bien que hace falta un tornado, un terremoto, o un incendio para llamar su atención. (Lee acerca del encuentro de Elías con Dios en 1 Reyes 19:11-13). Aun así, tal vez nos quedaríamos parados y preguntaríamos: "¿Por qué yo?", y ni siquiera veríamos ni oiríamos a Dios en esas circunstancias.

En segundo lugar, parece que "la religión ha aceptado la monstruosa herejía según la cual el ruido, la magnitud, la mucha ocupación y la jactancia hacen que Dios ame a un hombre".[2] Es hora de darnos cuenta de que todo este ruido, esta magnitud y ocupación tienden a desensibilizarnos a la soledad y el silencio. Tenemos que recordar las palabras de Dios: "Estad quietos, y conoced que yo soy Dios" (Sal. 46:10) y necesitamos la ayuda de Dios en la búsqueda de esa quietud, protegidos de las interferencias, exigencias, e incluso de aparatos electrónicos que solo sirven si se les somete a Dios y se relegan al lugar que les corresponde en nuestra vida. En medio de gran conflicto y agitación, cambios, pérdidas, bramidos

---

1. A. W. Tozer, *Of God and Men* (Harrisburg, PA: Christian Publications, 1960), pp. 103-104.

2. A. W. Tozer, *The Pursuit of God* (Camp Hill, PA: WingSpread, Publishers, 2006), p. 76. Publicado en español por WingSpread Publishers con el título *La búsqueda de Dios*.

y temblores (vv. 2-6), Dios dice: "Estad quietos, y conoced que yo soy Dios". Tozer interpreta esto para afirmar que es "como si Él quisiera decirnos que nuestra fortaleza y seguridad no se hallan en el ruido sino en el silencio".[3]

Sin esta soledad o quietud delante de Dios no podemos cultivar el poder del silencio. Básicamente, saturamos nuestras oraciones de peticiones por cosas o beneficios, y nos perdemos de la comunión con el Dios de todo y el benefactor que es el autor de todos los bienes. Recuerda que solo un samaritano quiso algo más que simplemente sanarse de lepra. Él quiso conocer al Salvador. Regresó para glorificar a Dios, adorarlo, y dar gracias (Lc. 17:11-21). Los otros nueve leprosos solo recibieron la única cosa que querían, pero aquel leproso obtuvo mucho más: el Salvador, y una fe mayor.

Con la escasez de los tiempos a solas y en silencio delante del trono de gracia, viene un deterioro sutil en nuestro andar de fe. Entre menos tiempo pasamos en soledad delante del Señor, más tendemos a enfocarnos en "obtener cosas" en nuestra oración. Cuando esas cosas no se obtienen, es más fácil para el creyente caer en el engaño y creer que la oración no valía la pena. Entonces disminuyen aún más esos momentos a solas en la vida del creyente, así como las peticiones o la fe para creer que recibirá lo que ha pedido. El resultado final es la disminución progresiva del tiempo delante de Dios. Puesto que la fe está llena de actividad, creemos que nuestra oración también debe estarlo.

REFLEXIÓN Y APLICACIÓN

1. "Entre los cristianos evangélicos, siempre existe el riesgo de que la oración degenere en una fiebre del oro glorificada".

---

3. Ibíd.

¿Cómo evitar esta mentalidad de buscar "obtener" algo de Dios? ¿Cómo podríamos replantear nuestra vida de oración de tal modo que Dios mismo ocupe más el centro? Empieza con un día a la semana delante del trono de gracia sin hacer peticiones. ¿Tienes otras sugerencias?

2. "Una boca cerrada delante de Dios, y un corazón callado son indispensables para la recepción de ciertos tipos de verdad. Ningún hombre está calificado para hablar si no ha escuchado primero". ¿Por qué es necesario este silencio delante de Dios para todo creyente, al igual que para el evangelista, el maestro de la Palabra de Dios, y todo aquel que quiera usar sus dones espirituales para la gloria de Dios?

3. "Puede que para algunos cristianos sea una revelación maravillosa quedarse callados por un tiempo, lo suficiente, digamos, para conocer sus propias almas y escuchar en silencio la voz profunda del Dios eterno". ¿Hubo algún momento en tu caminar con Cristo en el que escuchaste la voz profunda del Dios eterno? Si no está sucediendo en el presente, o con muy poca frecuencia, y quieres volver a experimentarlo, acude a un consejero que te sugiera algunas estrategias de la gracia que te orienten en la dirección correcta. Sazona tus estrategias con mucha oración y tiempo en la Palabra de Dios, ¡y con arrepentimiento según haga falta!

LOS PELIGROS DE LA ORACIÓN SIN RESPUESTA

Si la oración sin respuesta se vuelve una constante en una congregación durante un tiempo prolongado, la frialdad del desaliento se instala sobre las personas que oran. Si seguimos pidiendo y pidiendo, como niños insolentes, sin esperar nunca obtener lo que pedimos, pero insistiendo en pedir lo mismo, nuestro ser interior se enfriará.

Si persistimos en nuestras oraciones y nunca obtenemos respuesta, lo más probable es que la falta de resultados confirme la incredulidad natural de nuestro corazón. Recuerda esto: el corazón humano está por naturaleza lleno de incredulidad. La incredulidad, y no la desobediencia, fue el primer pecado. Aunque la desobediencia fue el primer pecado registrado, detrás del acto de desobediencia estaba el pecado de incredulidad, o de lo contrario el acto desobediente no habría ocurrido.

El hecho de que haya oraciones sin respuesta alimentará asimismo la idea de que la religión es algo irreal, una idea que muchos sostienen en el mundo actual. "La religión es puramente subjetiva", nos dicen. "No hay nada real en la religión".

Es cierto que puede que no haya algo tangible que sirva de punto de referencia para la religión. Si yo uso la palabra *lago*, todo el mundo piensa en una gran masa de agua. Cuando uso la palabra *estrella*, todo el mundo piensa en un cuerpo celeste. Pero cuando uso las palabras *fe* y *creer*, *Dios* y *cielo*, no existe una imagen de la realidad que las personas conozcan como referencia mental. Para la mayoría de las personas no son más que palabras, como *hadas* y *duendes*. De modo que hay una idea falsa de irrealidad en nuestro corazón cuando oramos, y oramos, y oramos, sin recibir una respuesta.

> **Nuestros fracasos en la oración dejan al enemigo en posesión del campo de batalla.**

Quizá lo peor es el hecho de que nuestros fracasos en la oración dejan al enemigo en posesión del campo de batalla. La peor parte del fracaso de una ofensiva militar no es la pérdida de hombres o la pérdida de renombre, sino el hecho de que el enemigo queda en posesión del campo. En el sentido espiritual, esto es tanto una tragedia como un desastre. El diablo debería estar huyendo, peleando siempre a la defensiva. En lugar de esto, este enemigo blasfemo mantiene su posición con actitud arrogante y despectiva, y el pueblo de Dios se lo permite. Con razón la obra del Señor tarda tanto. ¡Con razón la obra de Dios queda estancada!

Extracto de *Faith Beyond Reason* (1990; reimpr., Camp Hill, PA: WingSpread, 2009). Publicado en español por Editorial Portavoz con el título *Fe más allá de la razón*.

EXPLOREMOS CON TOZER

La esencia de este breve mensaje acerca de los peligros de la oración sin respuesta parece estar dirigida a la iglesia, aunque también tiene implicaciones similares para el creyente en su realidad individual. Por ejemplo, "Si la oración sin respuesta se vuelve una constante en una congregación durante un tiempo prolongado, la frialdad del desaliento se instala sobre las personas que oran". ¿Acaso no sucede lo mismo para el creyente como individuo? La constante oración sin respuesta no solo llena el corazón de desaliento e incredulidad, sino que ocurre un distanciamiento de Dios y de su Palabra, y mediante esfuerzos personales intentamos nosotros mismos alterar la respuesta. El resultado final es cada vez menos oración bíblica, y cada vez más esfuerzo personal para ayudar a Dios a cumplir nuestra petición. Además de esto, ocurre un gran engaño en nuestra mente al creer que Dios ha respondido "no", "quizá más tarde", o "sí", al tiempo que luchamos por ingeniar alguna solución a nuestra petición original.

Sin embargo, ¿no será que gran parte de nuestra oración sin respuesta es el resultado de pedir con los motivos incorrectos? Santiago 4:3 dice: "Pedís y no recibís, porque pedís mal, para gastar en vuestros deleites". Otra explicación para esa clase de oración sin respuesta podría ser el pecado (personal o colectivo, o los dos) que no ha sido confesado delante del Señor (Sal. 66:18). Este pecado podría ser antiguo o reciente. El Señor dice claramente: "Si permanecéis en mí, y mis palabras permanecen en vosotros, pedid todo lo que queréis, y os será hecho" (Jn. 15:7). Andar en obediencia a la Palabra en el poder del Espíritu Santo es crucial para ver oraciones contestadas.

Cabe agregar que algunas veces la oración sin respuesta podría ser una acción deliberada de Dios para ver si nos aferramos a Él cuando no hay resultados. Job sintió la ausencia de Dios y, a pesar de eso, se aferró a Él. En Job 23:8-12 empieza expresando su frustración, pero termina en fe:

> He aquí yo iré al oriente, y no lo hallaré; y al occidente, y no lo percibiré; si muestra su poder al norte, yo no lo veré; al sur se esconderá, y no lo veré. Mas él conoce mi camino… Guardé su camino, y no me aparté. Del mandamiento de sus labios nunca me separé; guardé las palabras de su boca más que mi comida.

Esta situación particular acontece por lo general a creyentes más maduros, y no es a lo que Tozer hace referencia. En el crecimiento natural de una iglesia o de un creyente debe estar presente la oración contestada. La falta de esta, o un período prolongado de oración sin respuesta, deben llevar a la iglesia o al creyente a pasar tiempo con Dios para pedirle que examine los corazones y los motivos, y para que saque a la luz las impurezas. Una vez que Dios ha revelado el pecado, podemos confesarlo, aceptar su perdón, y avanzar en su voluntad. No hacerlo producirá más oración sin respuesta, más desilusión, y más incredulidad en lugar de lo opuesto.

REFLEXIÓN Y APLICACIÓN

1. Tozer señala que "la frialdad del desaliento se instala sobre las personas que oran" cuando hay oración sin respuesta en una congregación durante un período prolongado. Lo mismo es cierto en el caso personal del creyente. ¿Cómo se evalúa dicha situación? ¿Hay pecado en la congregación o en la vida del creyente que estorba la respuesta a las oraciones? A veces el pecado puede ser antiguo, como fue el caso de Saúl y su

casa cuando fueron crueles y asesinaron a los gabaonitas que estaban bajo el pacto de Dios. El resultado fue una hambruna que duró tres años hasta que "David consultó a Jehová" (2 S. 21:1) para entender cuál era el problema y la solución divina. También puede ser un pecado que ha ocurrido antes de la sucesión de oraciones sin respuesta. Así lo expresó en *The Warfare of the Spirit*: "La iglesia debe examinarse continuamente para verificar si está en la fe; debe comprometerse a realizar una intensa autocrítica con una disposición gozosa a hacer ajustes; debe vivir en un estado continuo de penitencia, buscando a Dios con todo su corazón; debe evaluar continuamente su vida y su conducta a la luz de las Sagradas Escrituras y alinear su vida con la voluntad de Dios".[1] Lo mismo es cierto del individuo. Pregunta delante del Señor si esta ha sido tu actitud y la dirección de tu corazón antes de experimentar este período prolongado de oración sin respuesta.

2. Otra posible causa de la oración sin respuesta es que la vida de la iglesia o del creyente han perdido la santidad y la obediencia para dar lugar a una mentalidad y una forma de actuar más mundana y no bíblica. Puede ser difícil señalar un acontecimiento exacto. En ese caso, tendremos que pedir a Dios que examine nuestros corazones y nuestra vida, y que restaure nuestro primer amor (Ap. 2:4). Él es poderoso para restaurarnos, pero es posible que necesitemos que otros nos muestren nuestros problemas y den inicio al proceso de res-

---

1. A. W. Tozer, *The Warfare of the Spirit* (Camp Hill, PA: WingSpread, 1993), p. 123.

tauración. Ora por esto, y por quienes han de acompañarte y emprender esta restauración.

3. "Si persistimos en nuestras oraciones y nunca obtenemos respuesta, lo más probable es que la falta de resultados confirme la incredulidad natural de nuestro corazón. Recuerda esto: el corazón humano está por naturaleza lleno de incredulidad. La incredulidad, y no la desobediencia, fue el primer pecado. Aunque la desobediencia fue el primer pecado registrado, detrás del acto de desobediencia estaba el pecado de incredulidad". El apóstol Pablo dice, con toda razón: "Examinaos a vosotros mismos si estáis en la fe; probaos a vosotros mismos" (2 Co. 13:5). Debemos probarnos para determinar si estamos o no caminando por la fe. Pide a Dios Espíritu Santo que por medio de las Escrituras te revele lo que hay en tu corazón en cuanto a la fe y la incredulidad.[2]

4. Es evidente que habrá momentos de sequía durante los cuales Dios no responde a la oración, nuestro gozo se desvanece, y la presencia del Señor se siente poco o nada. Esos momentos exigen que ejercitemos nuestra fe en un Dios soberano. Si has estado en esa situación, medita o comenta el proceso por el cual Dios te llevó. Sin embargo, ese no parece ser el énfasis de Tozer cuando se refiere a la oración sin respuesta en este escrito. Antes bien, la oración sin respuesta alimentará la idea de que la religión es irreal y subjetiva para el creyente que es poco serio y para el incrédulo. En resumidas cuentas, ¡que la causa de Cristo es defectuosa! A solas, o con otros en un

---

2. Para conocer más acerca del tema, véase W. L. Seaver, *A Mosaic of Faith: 11 Lessons Jesus Taught His Disciples* (Camp Hill, PA: WingSpread, 2012).

grupo, enumera al menos tres maneras como el nombre de Cristo es deshonrado por causa de la iglesia y otras tres por el creyente en forma individual.

5. "Quizá lo peor es el hecho de que nuestros fracasos en la oración dejan al enemigo en posesión del campo de batalla". Tozer señala que esto es una tragedia y un desastre, puesto que el diablo debería más bien estar huyendo y a la defensiva. En lugar de esto, el pueblo de Dios le permite al enemigo apoderarse del campo, y de la obra de Dios se estanca aún más. Por doloroso que sea, ¿puedes recordar alguna ocasión en la que el enemigo ganó terreno en una vida, en un ministerio, o en una relación? ¿Cuál fue tu respuesta en ese momento y cuál es tu respuesta ahora?

¿QUÉ PROVECHO TIENE LA ORACIÓN?

En el libro de Job, el escéptico lanzó la pregunta desdeñosa: "¿Quién es el Todopoderoso, para que le sirvamos? ¿Y de qué aprovechará que oremos a Él?" (Job 21:15).

El tono del comentario revela que la pregunta es retórica. El escéptico, creyendo que la pregunta no puede ser respondida, la lanzó con displicencia y se dio vuelta, como Pilato, sin esperar una respuesta. Pero sí tenemos una respuesta. Dios mismo la ha provisto, y el consenso universal de los siglos ha respondido *Amén*.

En Hebreos 11 tenemos una larga lista de beneficios que trae la fe a quienes la poseen: justificación, liberación, fructificación, resistencia, victoria sobre los enemigos, valor, fortaleza, e incluso resurrección de los muertos. Y todo lo que se atribuye a la fe podría igualmente atribuirse con la misma certeza a la oración, porque la fe y la oración verdadera son como dos caras de una misma moneda. Son inseparables.

Los hombres pueden orar sin fe, y lo hacen a menudo (aunque esto no es oración verdadera), pero es impensable que alguien tenga fe y no ore. La fórmula bíblica es "la oración de fe". La oración y la fe están así unidas por la preposición *de*, y lo que Dios ha unido, no lo separe el hombre. La fe solo es genuina cuando produce oración.

Cuando Tennyson escribió "La oración ha producido más cosas de lo que este mundo sueña", declaró una verdad más trascendente de lo que aun él entendió. Aunque no siempre es posible encontrar el origen de una obra de Dios en la oración, se puede decir que la oración está detrás de todo lo que Dios hace por los hijos de los hombres aquí sobre la tierra. Eso es lo que nos revela una simple lectura de las Escrituras.

¿Qué provecho tiene la oración? "Mucho, en todo sentido". Sea lo que sea que Dios puede hacer, la fe puede hacerlo, y cualquier cosa que la fe puede hacer, la oración puede hacerlo cuando se ora con fe. Por consiguiente, una invitación a orar es una invitación a la omnipotencia, porque la oración involucra al Dios omnipotente y lo invita a intervenir en nuestros asuntos humanos. Nada es imposible para el hombre que ora con fe, así como nada es imposible para Dios. Esta generación todavía está por comprobar todo lo que la oración puede hacer por los hombres y las mujeres que creen.

George Mueller solía decir que la oración crece con el uso. Si queremos tener una gran fe, tenemos que empezar a usar la pequeña fe que ya tenemos. Ponla a trabajar por medio de la oración reverente y fiel, y crecerá y se fortalecerá día a día. Atrévete hoy a confiar en Dios acerca de algo pequeño y cotidiano, y la próxima semana o el próximo año serás capaz de confiarle respuestas que rayan en lo milagroso. Todos tenemos una medida de fe, dijo Mueller. La

> **Si queremos tener una gran fe, tenemos que empezar a usar la pequeña que ya tenemos. Ponla a trabajar por medio de la oración.**

diferencia entre nosotros es solo en grado, y el hombre con una fe pequeña puede ser simplemente el que no se ha atrevido a ejercitar la fe pequeña que tiene.

La Biblia enseña que tenemos porque pedimos, o no tenemos porque no pedimos. No se necesita mucha sabiduría para inferir el siguiente paso. ¿Acaso no es orar, y orar una y otra vez hasta que venga la respuesta? Dios espera que lo invitemos a desplegar su poder a favor de su pueblo. La situación del mundo es tal que nada aparte de Dios puede enderezarlo. No le fallemos al mundo ni decepcionemos a Dios con nuestra falta de oración.

Extracto de The Set of the Sail (1986; reimpr.,
Camp Hill, PA: WingSpread, 2009).

EXPLOREMOS CON TOZER

En Job 21:15 encontramos las preguntas: "¿Quién es el Todopoderoso, para que le sirvamos? ¿Y de qué aprovechará que oremos a Él?". Para entender la esencia de estas palabras que dirigió Zofar a Job, primero necesitamos entender quiénes eran los supuestos amigos de Job. Bildad era un hombre superficial que creía que todo podía explicarse simplemente en términos de dos tipos de hombres: los hombres intachables, y los que son malos en lo secreto. Además, sus palabras reflejan que si bien estos dos tipos de hombre aparentan ser lo mismo, Dios hace diferencia entre ellos prosperando al primero y destruyendo al segundo. Anderson describe acertadamente a los otros dos amigos, Zofar y Elifaz:

Cabe señalar, como evidencia de la estrechez de las creencias de Zofar, que su discurso (en Job 20) no menciona en absoluto que el malvado pudiera arrepentirse, corregir su conducta y recobrar el favor de Dios. Zofar no tiene compasión, y su dios no tiene misericordia. Por otro lado, Elifaz es más humano y evangélico. Y Zofar es de corazón tan materialista como el hombre malvado al que condena. Él considera que la pérdida de "posesiones" (v. 28) es un juicio. La pérdida de comunión con Dios, en esta vida o en la venidera, no le parece un destino mucho peor.[1]

La respuesta de Job a Zofar, el materialista, es que las personas que se dedican a las posesiones, a las cosas, a los bienes y a la gloria de este mundo, no encuentran ningún provecho en la oración. De igual modo, el incrédulo, o incluso el creyente materialista de hoy le encontrará poco valor a la oración.

Por otro lado, el hombre recto debería ver el provecho de la oración a Dios: "la oración de los rectos es su gozo" (Pr. 15:8b). Hay provecho para Dios en el sentido de que la oración lo honra y le agrada cuando se ofrece con fe. En segundo lugar, hay ganancia para el creyente, a medida que su fe en Dios aumenta, su relación con Dios se fortalece, y se aviva su celo por contar a otros acerca de lo que Dios ha hecho por él. En su escrito, Tozer relaciona, sin equivocarse, la oración y la fe. ¿Será posible que debamos preguntarnos si hay algún provecho en no orar?

REFLEXIÓN Y APLICACIÓN

1. "Los hombres pueden orar sin fe, y lo hacen a menudo (aunque esto no es oración verdadera), pero es impensable que

---

1. F. I. Anderson, *Job: Tyndale Old Testament Commentaries* (Downers Grove, IL: InterVarsity, 1976), p. 19.

alguien tenga fe y no ore. La fórmula bíblica es 'la oración de fe'. La oración y la fe están así unidas por la preposición de, y lo que Dios ha unido, no lo separe el hombre. La fe solo es genuina cuando produce oración". Medita delante del Señor acerca de en qué medida tu oración ha sido repetitiva últimamente, o simples deseos porque las cosas sean de cierta manera. Debemos despojarnos del viejo hombre y revestirnos "del nuevo, el cual conforme a la imagen del que lo creó se va renovando hasta el conocimiento pleno" (Col. 3:9-10). ¡Y todo es por la fe! Así pues, *nuestra vida de oración es un verdadero barómetro de nuestro caminar cristiano*. Medita en esta afirmación.

2. "Aunque no siempre es posible encontrar el origen de una obra de Dios en la oración, se puede decir que la oración está detrás de todo lo que Dios hace por los hijos de los hombres aquí sobre la tierra". Recuerda ocasiones en las que tus oraciones fueron cruciales para un milagro que Dios obró. Por otro lado, recuerda ocasiones en las que alguien oró por ti y vino una respuesta milagrosa. Tales experiencias deberían ser una constante en la vida cristiana, mientras que su ausencia revela debilidad en nuestra fe y opaca nuestra luz delante de un mundo perdido. ¿Dónde se debe empezar a ganar el terreno perdido de estas experiencias?

3. "¿Qué provecho tiene la oración? 'Mucho, en todo sentido'. Sea lo que sea que Dios puede hacer, la fe puede hacerlo, y cualquier cosa que la fe puede hacer, la oración puede hacerlo cuando se ora con fe. Por consiguiente, una invitación a orar es una invitación a la omnipotencia, porque la oración involucra al Dios omnipotente y lo invita a intervenir en nuestros

asuntos humanos". ¿Será posible que no oremos así invitando al Dios omnipotente a nuestra realidad porque no podemos controlar los resultados y el tiempo de respuesta? ¿O tal vez ignoramos las promesas de las Escrituras y al Dios fiel que las ha dado? Si quieres tomar la oración con seriedad y sacar provecho de ella, busca creyentes más maduros que puedan guiarte en oración. Durante la próxima semana, anota los beneficios de la oración que has estudiado, y pide a Dios que abra tus ojos para ver los beneficios eternos o celestiales.

4. "George Mueller solía decir que la oración crece con el uso. Si queremos tener una gran fe, tenemos que empezar a usar la pequeña fe que ya tenemos". ¡Empieza hoy! Empieza a confiar en Dios en las cosas pequeñas y cotidianas de esta semana, luego confía en Él en otras durante uno o dos meses, y, finalmente, en otros asuntos de tu vida este año o el siguiente. Escribe un diario de oración, pero pide también a Dios que escriba las respuestas en tu corazón y en tu mente, a fin de comunicarlas a otros y animarlos a acercarse a Cristo. Al cabo de seis meses, ¡considera de nuevo el provecho de la oración!

TRES FORMAS DE OBTENER LO QUE DESEAS

En su sentido moderno, la palabra *deseo* tiene poco o ningún lugar en el vocabulario cristiano. La palabra aparece en pocas instancias en la Biblia y, en estas, rara vez significa algo más que una intención o ganas de algo.

Es difícil concebir algo más vano que desear. Resulta revelador que los deseos proceden por lo general de niños y de personas supersticiosas. Por tierno e inocente que parezca ver a un niño en su pequeño ritual de enumerar deseos, puede distar de ser una práctica inofensiva cuando llega a la vida adulta. Incluso al niño debe enseñársele claramente que los vanos deseos no lo llevarán a ninguna parte.

Lo que está mal en los vanos deseos radica en el hecho de que quien los pronuncia no se ajusta a la voluntad de Dios. Este individuo permite que sus deseos estén por encima de aquello que está completamente por fuera de la voluntad de Dios para él, y sueña con poseer lo que sabe bien que no debería tener. Cinco minutos de vana ensoñación bastan para que pierda de vista su vida espiritual. Si este acto se convierte en un hábito, su vida cristiana puede sufrir seriamente. El hombre no tardará en sustituir el trabajo arduo por simples anhelos, y a menos que corrija radicalmente esa falta, se convertirá en un soñador sin carácter que solo concibe sueños ilusorios.

Todo deseo debe ser sometido a la prueba de la voluntad de Dios. Si el deseo está por fuera de la voluntad de Dios, debe descartarse de inmediato como algo indigno de nosotros. Insistir en desear algo que es abiertamente contrario a la voluntad de Dios para nosotros es la evidencia de cuán ilusoria es nuestra consagración.

Sin embargo, si el objeto deseado es legítimo e inocente, hay tres posibles formas como puede obtenerse: una es trabajar por ello, otra es orar por ello, y la tercera es trabajar y orar por ello. Estos son tres métodos claros por medio de los cuales Dios da buenas dádivas a su pueblo. No deben confundirse entre sí, y pueden distinguirse en la vida práctica.

Algunas cosas están completamente por fuera de nuestras posibilidades y, a pesar de ello, hacen parte de la voluntad y gracia de Dios para nosotros. ¿Qué podemos hacer? Orar es la respuesta inmediata. Dios ha dispuesto que acudamos a Él para obtener lo imposible cuando ese imposible es parte de su voluntad eterna para nuestro supremo bien. Bajo tales circunstancias, debemos presentar nuestras peticiones delante de Él con toda la valentía y el ardor de un hijo obediente y confiado. Dios ama esas oraciones y nos ha dado todas las razones para creer que Él oirá nuestra oración y enviará la respuesta a su tiempo.

Hay otras cosas que pueden lograrse mediante el simple recurso del trabajo. Es inútil pedir a Dios algo que podemos obtener con un poco de esfuerzo dirigido apropiadamente. Ningún cristiano instruido desperdiciará su tiempo para orar por cosas que están a su alcance y depende de él obtenerlas. Hacerlo es engañarnos a nosotros mismos y convertir todo el concepto de oración en una farsa. Si el trabajo nos permite obtener algo, entonces debemos ponernos a trabajar o abstenernos de lo que deseamos. Dios no va a patrocinar nuestra negligencia dándonos dones que podríamos obtener nosotros mismos, pero hemos rehusado actuar para obtenerlos.

No obstante, existe una tercera categoría que incluye aquellos objetos deseados que es imposible alcanzar únicamente por medio del trabajo. Están lo bastante lejos de nuestro alcance que precisan una acción sobrenatural para que los obtengamos y, aun así, lo bastante cerca que debemos trabajar para conseguirlos. Esto suma la fórmula de *trabajo y oración*, y es probable que la gran mayoría de los objetos y objetivos deseados caigan en esta categoría. Esta situación nos acerca a Dios y nos convierte en sus colaboradores.

Dios ha dispuesto que acudamos a Él para obtener lo imposible cuando ese imposible es parte de su voluntad eterna para nuestro supremo bien.

Ya sea que el deseo consista en abrir un campo cerrado para el ministerio, ganar una tribu perdida, obtener un mejor empleo, construir una nueva iglesia, tener una reunión exitosa, levantar una familia, culminar los estudios o hacer cualquier otra cosa de una lista infinita de asuntos legítimos, lo más probable es que el método indicado sea la doble fórmula de trabajo y oración. Podríamos parafrasear la famosa exhortación del doctor Simpson y decir que, cuando enfrentamos aquellas tareas que combinan nuestra necesidad de trabajar y nuestra imposibilidad de lograrlo solos, lo que hay que hacer es trabajar como si todo dependiera de nosotros y orar como si esperáramos que Dios hiciera todo.

En cuanto a los deseos, dejemos que los soñadores vanos y los edificadores de castillos en el aire se dediquen a ello, si eso es lo que quieren. Nosotros conocemos algo mejor que desperdiciar nuestro tiempo y nuestro esfuerzo en algo tan inútil.

Extracto de *The Next Chapter after the Last*
(1987; reimpr., Camp Hill, PA:
WingSpread, 2010).

EXPLOREMOS CON TOZER

Tozer hace bien en señalar que desear algún objeto o circunstancia no es orar, puesto que, por lo general, los deseos no se conforman ni se someten a la voluntad y al tiempo de Dios. Desear puede ser algo tierno en los niños, pero "al niño debe enseñársele claramente que los vanos deseos no lo llevarán a ninguna parte". En cambio, si el objeto o la circunstancia deseados son legítimos (por ejemplo, no es contrario a la voluntad de Dios), hay tres formas posibles como se pueden obtener: el trabajo, la oración, o una combinación de oración y trabajo (observa que se ha invertido el énfasis de trabajo y oración). Sin embargo, antes de indagar acerca de estas tres formas de obtener lo que queremos, debemos establecer un fundamento sólido acerca de la oración.

En Hechos 6:4, el liderazgo de la iglesia primitiva reconoció que necesitaban persistir "en la oración y en el ministerio de la palabra". En Romanos 12:12, se anima a los creyentes a gozarse en la esperanza, perseverar en la tribulación y ser "constantes en la oración". Asimismo, en Colosenses 4:2, Pablo escribe bajo la dirección del Espíritu Santo "perseverad en la oración", lo cual se aplica a todos los creyentes, no solo al liderazgo. La palabra "constantes" significa estar resuelto a perseverar y ocuparse incesantemente de ello, no solo de cuando en vez o durante una temporada, sino continuamente en nuestro andar de fe. En Colosenses 4:2, la perseverancia en la oración incluye estar "velando en ella con acción de gracias". Esta actitud de velar es necesaria, dado que es demasiado fácil distraerse de la oración. H. M. Carson comentó lo siguiente acerca de velar en oración:

> El acto de velar sugiere que existe un peligro, y este peligro viene de dos fuentes principales. El maligno impulsa al creyente a ser descuidado, a fin de que abandone la práctica misma de la oración. Por otro lado, aturde su mente o distrae sus pensamientos. De ahí que velar suponga una atención disciplinada a este ministerio continuo, y también involucra una concentración de la totalidad del ser en este ejercicio.[1]

Como tal, la devoción del creyente a la oración brota de la comunión constante con el Padre, y es tan natural como respirar. En resumidas cuentas, para un creyente la oración afianza todo: las circunstancias en las que debe trabajar, donde la imposibilidad es tan grande que lo único que puede hacer es orar y necesita la sabiduría de Dios para saber cómo orar, y donde es preciso un equilibrio entre la oración y el trabajo y aguardar el cumplimiento divino, de tal manera que Dios siempre reciba la gloria y la honra por sus obras.

Recordemos siempre que los deseos vanos dejan a Dios por fuera de la ecuación, mientras que la oración lo integra a esta, así como

---

1. Herbert M. Carson, *The Epistles of Paul to the Colossians and Philemon* (Grand Rapids: Eerdmans, 1975), pp. 95-96.

al resultado, si se hace conforme a su Palabra y a la dirección de su Espíritu.

REFLEXIÓN Y APLICACIÓN

1. "Algunas cosas están completamente por fuera de nuestras posibilidades y, a pesar de ello, hacen parte de la voluntad y gracia de Dios para nosotros. ¿Qué podemos hacer? Orar es la respuesta inmediata. Dios ha dispuesto que acudamos a Él para obtener lo imposible cuando ese imposible es parte de su voluntad eterna para nuestro supremo bien". Reflexiona en esos "imposibles" que Dios respondió en tus oraciones. ¿Cuál fue la característica común entre las circunstancias y el tiempo de respuesta de Dios? ¿Cómo te han animado o cómo deberían animarte estas situaciones imposibles del pasado a orar hoy?

2. Por otro lado, "hay otras cosas que pueden lograrse mediante el simple recurso del trabajo. Es inútil pedir a Dios algo que podemos obtener con un poco de esfuerzo dirigido apropiadamente. Ningún cristiano instruido desperdiciará su tiempo para orar por cosas que están a su alcance y depende de él obtenerlas". Dicho esto, "si, pues, coméis o bebéis, o hacéis otra cosa, hacedlo todo para la gloria de Dios" (1 Co. 10:31). Eso significa que aun el aspecto más simple de trabajar para obtener aquellas cosas que deseamos debe estar siempre conectado al Padre, ya que procuramos agradarle, glorificarle y escucharlo para recibir de Él sabiduría en cada aspecto de nuestra sencilla labor.

   Recuerdo a mi padre que hacía mantenimiento y reparación de computadoras para muchos negocios. Él estaba capacitado para su labor, y disfrutaba su trabajo, pero muchas veces, en la simple ejecución de su trabajo, enfrentaba problemas y arreglos que rebasaban cualquier manual de computadoras. En esas circunstancias, él oraba y Dios le revelaba una solución precisa para el problema técnico. ¡Dios quiere que contemos con Él incluso para la realización de una simple tarea cotidiana!

A lo largo de la semana, piensa en las ocasiones en las que oraste durante la realización de una tarea sencilla. ¿Cuál fue el alcance de la oración? ¿Con qué frecuencia has usado este tipo de oraciones "flecha" en tu trabajo? ¿En qué medida tu respuesta a la pregunta anterior revela la esencia de tu dependencia de Dios?

3. La tercera categoría de cómo obtener lo que se desea combina el trabajo y la oración. "Es probable que la gran mayoría de los objetos y objetivos deseados caigan en esta categoría. Esta situación nos acerca a Dios y nos convierte en sus colaboradores". En lo que a mí respecta, considero que la oración va primero y luego el trabajo, pero se necesita repetir continuamente este ciclo para que la obra se culmine y para que el creyente se acerque aún más al Señor. Sin embargo, debemos ser conscientes de que el enemigo quiere que seamos descuidados en nuestra vida de oración, que vivamos con nuestra mente aturdida y distraídos. ¿Recuerdas algún momento en el que la oración y el trabajo fueron parte esencial de tu caminar con Cristo? Compara tu oración y tu trabajo en el presente con aquel momento o, mejor aún, con lo que dicen las Escrituras en Colosenses 4:2-6.

4. Medita en la paráfrasis de las palabras del doctor A. B. Simpson: "Cuando enfrentamos aquellas tareas que combinan nuestra necesidad de trabajar y nuestra imposibilidad de lograrlo solos, lo que hay que hacer es trabajar como si todo dependiera de nosotros y orar como si esperáramos que Dios hiciera todo".

13

LA ORACIÓN CAMBIA A LAS PERSONAS Y LAS COSAS

Nadie que haya leído la Biblia con alguna percepción puede evitar notar que para Dios las personas son más importantes que las cosas. Un ser humano es más valioso que miles de galaxias de estrellas o un millón de mundos como el nuestro. Dios hizo al hombre a su imagen, e hizo *las cosas* para que sirvan al hombre. Su interés se centra en los seres morales e inteligentes, no en la materia inerte.

Sin embargo, puesto que cada persona tiene un cuerpo físico y debe vivir sus días en un ambiente constituido por materia, tiempo y espacio, también *las cosas* son importantes para Él. Su vida terrenal está en gran medida entrelazada con la materia y con las leyes que la controlan. Cada individuo se ve afectado, a menudo profundamente, por el informe que le comunican sus sentidos del mundo que le rodea. En ocasiones, se desarrollan situaciones en las que el bienestar del hombre interior depende temporalmente de las

103

circunstancias externas. En esos momentos, es completamente apropiado que debamos orar a Dios para que altere dichas circunstancias y "cambie las cosas" de tal modo que se cree una atmósfera más propicia para el crecimiento del Espíritu. En las Escrituras existen miles de promesas que animan al individuo a pedir, buscar y tocar a la puerta con el fin de transformar aquellas cosas desfavorables o eliminarlas por completo. La historia de Israel y de la iglesia demuestran que Dios, en efecto, escucha y contesta la oración.

> **La oración cambia al hombre y le permite a Dios cambiar las cosas en respuesta a su oración.**

Sin embargo, en todas nuestras oraciones es importante que tengamos presente que Dios no va a alterar sus planes eternos por la palabra de un hombre. Nosotros no oramos con el propósito de convencer a Dios para que cambie de opinión. La oración no es un ataque contra la reticencia de Dios, ni un esfuerzo por asegurar la anulación de su voluntad para nosotros o para aquellos por quienes oramos. La oración no tiene el propósito de vencer a Dios y "doblegar su brazo". Dios nunca será otro aparte de sí mismo, sin importar cuántas personas oren, ni por cuánto tiempo o con cuánta vehemencia se ore.

El amor de Dios quiere lo mejor para todos nosotros, y Él desea a toda costa darnos lo mejor. Él abrirá ríos en el desierto, calmará olas encrespadas, callará el viento, sacará agua de la roca, enviará un ángel para liberar a un apóstol encarcelado, alimentará a un orfanato, abrirá una tierra que ha estado cerrada por mucho tiempo al evangelio. Todas estas cosas, y miles más, las ha hecho y las hará Dios en respuesta a la oración, pero solo porque era su voluntad desde el principio. Nadie puede obligarlo a nada.

Lo que hace el hombre que ora es alinear su voluntad con la voluntad de Dios, de tal manera que Él puede hacer lo que desde siempre ha querido hacer. Por consiguiente, la oración cambia al hombre y le permite a Dios cambiar las cosas en respuesta a su oración.

Extracto de *The Price of Neglect* (1991; reimpr.,
Camp Hill, PA: WingSpread, 2010).

EXPLOREMOS CON TOZER

Dios no cambia, porque como dice Hebreos 13:8: "Jesucristo es el mismo ayer, y hoy, y por los siglos". Él es tan soberano, amoroso, omnisciente y misericordioso como siempre ha sido. Su Palabra, sus promesas y sus mandamientos no cambian. Uno de esos mandamientos fue el de "orar siempre" (Lc. 18:1). Asimismo, el apóstol Pablo ordena bajo el poder del Espíritu Santo a orar "sin cesar" (1 Ts. 5:17), y a perseverar "en la oración, velando en ella con acción de gracias" (Col. 4:2). En este contexto del carácter inmutable de Dios y de sus propósitos eternos, se nos exhorta a orar a los santos que vivimos en un mundo en constante cambio. A medida que oramos en el Espíritu, empezamos a ver a las personas y las cosas desde una perspectiva celestial. Por supuesto que esto no sucede inmediatamente, pero en el proceso de orar diariamente en el Espíritu, la oración nos cambia, así como a las personas en nuestra esfera de influencia, y las cosas (porque Él "hizo las cosas para que sirvan al hombre").

A fin de ilustrar estos conceptos, echemos un breve vistazo a Abraham, quien fue llamado amigo de Dios en 2 Crónicas 20:7 y en Santiago 2:23. Las profundidades de su amistad con Dios están reveladas en Génesis 18:17 cuando "Jehová dijo: ¿Encubriré yo a Abraham lo que voy a hacer…?". ¡Los amigos no se esconden el uno del otro! El Señor no ocultó la verdad de lo que iba a hacer para destruir a Sodoma y Gomorra, sino que Abraham se quedó en presencia de Dios y oró. Fue una petición enmarcada dentro de los términos del carácter de Dios, pero sazonada de perseverancia, osadía, humildad, y en un tono concluyente. Esta experiencia de oración cambió a Abraham, a Lot, a la familia de Lot, y a todas las personas que hacían parte del círculo de influencia de Abraham. Más que eso, cambió no solo el caminar de Abraham con Dios sino su vida de oración (Gn. 20:7, 17). ¡Espero que estemos dispuestos a abrazar ese cambio para la gloria de Dios!

REFLEXIÓN Y APLICACIÓN

1. "Un ser humano es más valioso que miles de galaxias de estrellas o un millón de mundos como el nuestro. Dios hizo al hombre a su imagen, e hizo las cosas para que sirvan al hombre. Su interés se centra en los seres morales e inteligentes, no en la materia inerte". Medita en esta afirmación. ¿Qué aporta a tus oraciones por otras personas y por las cosas en este momento y más adelante?

2. "Nosotros no oramos con el propósito de convencer a Dios para que cambie de opinión. La oración no es un ataque contra la reticencia de Dios, ni un esfuerzo por asegurar la anulación de su voluntad para nosotros o para aquellos por quienes oramos. La oración no tiene el propósito de vencer a Dios y 'doblegar su brazo'. Dios nunca será otro aparte de

sí mismo, sin importar cuántas personas oren, ni por cuánto tiempo o con cuánta vehemencia se ore". A la luz de este comentario, ¿cómo explicas la oración de Abraham a favor de Lot y de Sodoma y Gomorra? Piensa en una petición por la que has orado repetidas veces. ¿Has tratado de coaccionar a Dios, o se fundamenta tu petición en su voluntad? ¿Qué valor tiene formularnos estas preguntas?

3. "Todas estas cosas, y miles más, las ha hecho y las hará Dios en respuesta a la oración, pero solo porque era su voluntad hacerlo desde el principio. Nadie puede obligarlo a nada". Reflexiona en tres oraciones contestadas de los últimos seis meses o semanas. Anota cuál fue tu oración, cuál fue la respuesta de Dios, y en qué promesas te basaste. ¿Qué tienen en común estas oraciones?

4. "Lo que hace el hombre que ora es alinear su voluntad con la voluntad de Dios, de tal manera que Él puede hacer lo que desde siempre ha querido hacer. Por consiguiente, la oración cambia al hombre y le permite a Dios cambiar las cosas en respuesta a su oración". ¿Qué papel juega la Palabra de Dios en este proceso? Es posible que la oración ineficaz de estos días esté relacionada con que somos bebés en la Palabra. Medita en Hebreos 5:11-14.

SOBRE LA LUCHA
EN LA ORACIÓN

Hay una idea generalizada según la cual luchar en la oración es siempre algo positivo, pero de ninguna manera es cierta. Las personas pueden someterse a ejercicios religiosos extremos sin un motivo más elevado que hacer su propia voluntad.

La calidad espiritual de una oración se define no por su intensidad sino por su origen. Al evaluar la oración debemos indagar si la hace nuestro corazón o el Espíritu Santo. Si la oración se origina en el Espíritu Santo, la lucha puede ser hermosa y maravillosa, pero si somos víctimas de nuestros propios deseos exagerados, nuestras oraciones pueden ser tan carnales como cualquier otro acto.

Dos ejemplos del Antiguo Testamento son Jacob y los profetas de Baal. La lucha de Jacob fue un ejercicio verdadero, y no una iniciativa de Jacob. "Allí se quedó Jacob solo; y luchó con él un varón hasta que rayaba el alba". Es evidente que el agresor fue aquel "varón" y no Jacob, pero cuando Jacob fue atacado, se convirtió en agresor y exclamó: "No te dejaré, si no me bendices" (Gn. 32:24,

26). La lucha tuvo un origen divino, y la bendición que acarreó es del conocimiento de todo estudioso de la Biblia.

El otro ejemplo no tiene el mismo final. Los profetas de Baal también lucharon, de manera mucho más violenta que Jacob, pero lucharon en la carne. Sus contorsiones eran producto de la ignorancia y la superstición, y no llevaron a nada. Todo era un error: su celo, su oración de autoflagelación, su determinación. Estaban equivocados a pesar de su celo en la oración. Y tal error no murió con ellos.

> **Si la oración se origina en el Espíritu Santo, la lucha puede ser hermosa y maravillosa.**

Solo el Espíritu Santo puede orar con eficacia. "Y de igual manera el Espíritu nos ayuda en nuestra debilidad; pues qué hemos de pedir como conviene, no lo sabemos, pero el Espíritu mismo intercede por nosotros con gemidos indecibles" (Ro. 8:26).

Extracto de *Este mundo: ¿campo de recreo o campo de batalla?* (Grand Rapids, MI: Editorial Portavoz, 2018), pp. 23-24.

EXPLOREMOS CON TOZER

Oseas 12:3-4 nos presenta una instantánea de la vida de Jacob marcada por la lucha: "En el seno materno tomó por el calcañar a su hermano, y con su poder venció al ángel. Venció al ángel, y prevaleció".

La vida entera de Jacob había sido una lucha por obtener las bendiciones de Dios mediante estrategias engañosas o carnales, como lo ilustra la forma fraudulenta como arrebató los derechos de primogenitura de Esaú y robó la bendición de su padre. A pesar de eso, en el vado de Jaboc, se siente acorralado por sus temores y pecados pasados, sin encontrar una salida, de modo que ora y envía regalos a su hermano (Gn. 32:9-23). Ora recordándole con humildad a Dios sus promesas, conforme rememoraba fugazmente las misericordias y la fidelidad de Dios para con Él a lo largo de los años y a pesar de sus maquinaciones. Y con sinceridad pide a Dios que lo libre. A esta oración le siguen sus últimos intentos por aplacar la ira de su hermano, fruto de sus trampas del pasado. Todos hacemos lo mismo cuando recurrimos a maquinaciones o trampas que han funcionado antes, pero excluyen a Dios.

Estando allí solo esa noche con todos sus temores, Jacob y el hombre, o el ángel (el ángel del Señor) lucharon hasta el amanecer. Jacob ni siquiera soltó al ángel después de que dislocó su muslo. De hecho, no lo soltó hasta que lo bendijo. Las palabras del ángel fueron: "No se dirá más tu nombre Jacob [el que suplanta], sino Israel; porque has luchado con Dios y con los hombres, y has vencido" (v. 28). Es importante destacar que *Israel* significa "el que lucha con Dios", o "Dios lucha". Esta lucha con Dios no tuvo origen en el corazón determinado de Jacob, sino en Dios mismo que fue quien inició esta lucha.

Todos tenemos la tendencia a luchar con Dios en oración con corazones determinados, tratando de obtener la respuesta a nuestra oración a nuestra manera y en nuestro tiempo. Decimos con nuestra boca y con nuestros pensamientos que queremos la voluntad de Dios en nuestra oración, pero en realidad se trata de obtener lo que nosotros queremos, que nunca es el ideal divino. Sin embargo, cuando anhelamos seguir la voluntad de Dios para nuestra vida, Él permitirá que alguna situación nos deje acorralados y no tengamos escapatoria aparte de Él. Es en esta situación apremiante que la oración surge por iniciativa del Espíritu Santo conforme nos sometemos a Dios (Stg. 4:7-8). El resultado final es una lucha con Dios que es hermosa y maravillosa, que glorifica a Dios y cumple el supremo plan divino para todos los involucrados. Asimismo, nuestra vida de oración se fortalece, y crece nuestra dependencia de Él.

En Colosenses 4:12-13 encontramos ideas similares, cuando habla de Epafras que está "siempre rogando encarecidamente por vosotros en sus oraciones, para que estéis firmes, perfectos y completos en todo lo que Dios quiere. Porque de él doy testimonio de que tiene gran solicitud por vosotros". La palabra griega que se traduce "rogando encarecidamente" se empleaba para referirse a los deportistas que se entregaban de lleno a su deporte, así que plasma la esencia de la lucha en oración a favor de otros. La convicción que viene de las palabras de Pablo, bajo la inspiración del Espíritu Santo, es que pocos oran de esa manera, lo cual constituye una razón de peso para el retraso del avivamiento.

REFLEXIÓN Y APLICACIÓN

1. Siempre hay que velar para evitar "someterse a ejercicios religiosos extremos sin un motivo más elevado que hacer su propia voluntad". ¿Recuerdas alguna situación que te impulsó a orar con más frecuencia o fervor en los últimos dos a seis meses? ¿Te sentiste acorralado? ¿Notaste algún cambio en tus peticiones u oraciones mientras esperabas la respuesta de Dios? (En caso afirmativo, ¿cuál fue ese cambio?). Por último, ¿por qué esta sensación de estar acorralado por temores o circunstancias es tan crucial para que luchemos en la oración?

2. El propósito de las siguientes preguntas es animarnos a dar un paso atrás y pedir a Dios que examine nuestros corazones para determinar de dónde proceden nuestras oraciones. Primero, ¿nacen nuestras oraciones de nuestro corazón determinado, o es una carga que Dios el Espíritu Santo ha puesto sobre nosotros? Como escribe Tozer: "Si la oración se origina en el Espíritu Santo, la lucha puede ser hermosa y maravillosa". El resultado es que, al final, no solo obtenemos lo que Dios puso en nuestro corazón, sino que logramos conocer mejor a Dios, progresamos en nuestra vida de oración, y empezamos a ver más las cosas desde la perspectiva de Dios. La segunda pregunta es: si el origen de nuestra oración son "nuestros propios deseos agitados", ¿acaso no tenemos que declarar esa oración por lo que es: una oración carnal, no santa, blasfema? Sacar a la luz esa clase de oración puede traer libertad al creyente en su relación con el Padre, y permitirle ver cómo Dios obra de una manera mucho más gloriosa. En cambio, esconder esta clase de oración traerá resultados opuestos. Todos necesitamos un consejero que nos ayude a ver esos puntos ciegos en nuestra vida y en nuestra oración. ¡Ora a Dios para que te provea uno!

3. No solo el origen de la lucha en oración debe ser divino, sino que la lucha misma debe hacerse en el poder del Espíritu Santo. Reflexiona acerca de algunas oraciones importantes que Dios ha puesto en tu corazón en los últimos seis meses. Cuando oraste con persistencia, ¿terminaste agotado? ¿Fue el agotamiento resultado de la preocupación o inquietud porque las cosas no salieron como oraste? Medita en el Salmo 55:22: "Echa sobre Jehová tu carga, y Él te sustentará; no

dejará para siempre caído [o tambalear] al justo". Si todavía no lo has hecho, este es un buen momento para hacerlo.

4. Pablo escribe en Colosenses 4:12-13: "Epafras, el cual es uno de vosotros, siervo de Cristo, siempre rogando encarecidamente por vosotros en sus oraciones, para que estéis firmes, perfectos y completos en todo lo que Dios quiere. Porque de él doy testimonio de que tiene gran solicitud por vosotros". Medita en el origen, la lucha, la motivación y el contenido la oración de Epafras, ¡y aprópiate de ella!

ORAR HASTA QUE OREMOS

El doctor Moody Stuart, un gran hombre de oración de una generación pasada, redactó alguna vez una serie de reglas como guía para sus oraciones. Entre dichas reglas incluyó la siguiente: "Ora hasta que ores".

El evangelista estadounidense Juan Wesley Lee ilustró la diferencia entre orar hasta que te rindes y orar hasta que oras. Con frecuencia, comparó una temporada de oración con un culto de iglesia, e insistió en que muchos de nosotros concluimos la reunión antes de que el servicio termine. Confesó que una vez se levantó prematuramente de una sesión de oración, y empezó a caminar por la calle para atender un asunto urgente. Solo había recorrido una corta distancia cuando la voz interior le hizo el reproche: "Hijo, ¿no pronunciaste la bendición antes de que terminara la reunión?". Él comprendió, y de inmediato volvió al recinto de oración, donde permaneció hasta que desapareció la carga y descendió la bendición.

El hábito de terminar nuestras oraciones antes de haber orado realmente es tan común como desafortunado. Con frecuencia, los últimos diez minutos tienen más significado para nosotros que la primera media hora, porque debemos pasar mucho tiempo para lograr el ánimo apropiado que nos permita orar con eficacia. Puede que necesitemos luchar con nuestros pensamientos para lograr enfocarlos, después de que han estado dispersos por la multitud de distracciones que resultan de vivir en un mundo desordenado.

> **El hábito de terminar nuestras oraciones antes de haber orado realmente es tan común como desafortunado.**

En esto, como en todos los asuntos espirituales, debemos asegurarnos de distinguir entre lo ideal y lo real. Lo ideal sería vivir en todo momento en un estado de unión tan perfecta con Dios que no necesitemos de ninguna preparación especial. Sin embargo, la realidad es que pocos pueden afirmar con sinceridad que esa sea su experiencia. La franqueza nos obliga, a la mayoría de nosotros, a reconocer que muchas veces batallamos antes de poder escapar de la alienación emocional y el sentido fantasioso que a veces nos nubla como una especie de disposición que prevalece.

Sea lo que sea que dicte el idealismo soñador, estamos obligados a lidiar con asuntos de la realidad práctica. Si cuando venimos en oración sentimos que nuestro corazón está desganado y poco espiritual, no debemos tratar de convencernos de lo contrario. Antes bien, debemos reconocerlo y orar con franqueza, para prevalecer en oración. Algunos cristianos sonríen ante la idea de "vencer en oración", pero encontramos algo similar en los escritos de casi todos los santos que se consagraron a la oración desde Daniel hasta el presente. No podemos darnos el lujo de parar de orar hasta que hayamos orado realmente.

Extracto de *Este mundo: ¿campo de recreo o campo de batalla?* (Grand Rapids, MI: Portavoz, 2018), pp. 85-86.

EXPLOREMOS CON TOZER

Lo que Tozer quiso señalar en este escrito meditativo es que la oración verdadera y eficaz está revestida de sinceridad. Aquel que ora lucha por vencer las distracciones y los obstáculos, y no está limitado por restricciones de tiempo, de tal modo que no se conforma con la oración de cinco minutos que se hace por puro formalismo ni cubre apresuradamente una lista de peticiones. Antes bien, dedica tiempo a escuchar y a responder a la voz de Dios. Como resultado, aquel que tiene la certeza de haber sido escuchado, deposita su carga a los pies de la cruz y experimenta una paz de corazón que inunda su alma.

D. A. Carson señala que "orar hasta que oremos" era un consejo puritano, y hace una interpretación de ello en la práctica:

Los cristianos deberían orar con la suficiente duración y sinceridad, como para, en una sola sesión, superar los sentimientos de formalismo y fantasía que acompañan no pocas oraciones. Somos especialmente propensos a tales sentimientos cuando oramos unos pocos minutos, y nos apresuramos a terminar como si se tratara de un simple deber. A fin de entrar en el espíritu de oración, debemos perseverar en ello lo suficiente.

117

Si "oramos hasta que oremos", al final lograremos deleitarnos en la presencia de Dios, descansar en su amor, atesorar su voluntad. Incluso en las oraciones angustiosas y sombrías, de alguna manera sabremos que tenemos negocios con Dios. En resumen, descubrimos un poco de lo que quiere decir Judas cuando exhorta a sus lectores a orar "en el Espíritu Santo" (Jud. 20), lo cual supone que existe la peligrosa posibilidad de no orar en el Espíritu.[1]

Lo que resulta de *no* orar hasta que oremos es que lanzamos a Dios peticiones que carecen de fundamento bíblico y que pueden ser contrarias a su voluntad, con la esperanza de que algunas funcionen y reciban respuesta. Al final, perdemos nuestro encuentro con Dios y nuestra comunión con Él.

En las Escrituras encontramos muchos ejemplos de hombres que oraron hasta que oraron, pero solo mencionaremos tres: Elías, Nehemías, y Daniel. Conforme nos revela Santiago 5:16-18, Elías era esa clase de hombre de oración:

La oración eficaz del justo puede mucho. Elías era hombre sujeto a pasiones semejantes a las nuestras, y oró fervientemente para que no lloviese, y no llovió sobre la tierra por tres años y seis meses. Y otra vez oró, y el cielo dio lluvia, y la tierra produjo su fruto.

Elías vivió bajo la tensión de su oración que frenó la lluvia durante tres años y medio, hasta el día que supo que se había cumplido el tiempo y confrontó a los profetas de Baal (1 R. 18). Los profetas de Baal oraron, saltaron delante del altar, y se mutilaron, pero no

---

1. D. A. Carson, *A Call to Spiritual Reformation* (Grand Rapids: Baker, 1992), p. 36.

hubo respuesta. Elías oró con humildad basándose en el carácter de Dios, que es inmutable y siempre fiel a su Palabra. Su petición final fue "para que conozca este pueblo que tú, oh Jehová, eres el Dios, y que tú vuelves a ti el corazón de ellos". Y Dios respondió de manera poderosa.

Del mismo modo, Nehemías oró por Jerusalén y los judíos que allí vivían. Lo hizo durante unos cuatro meses, antes de que Dios le diera una respuesta.

El libro de Daniel abunda en oraciones, pero Daniel 9 menciona específicamente su oración por Israel y su pueblo, cuando oró hasta que oró. Su oración incluyó alabanza a nuestro Dios perfecto, confesión, énfasis en el carácter de Dios en contraste con nuestra infidelidad y desobediencia, entendimiento de la disciplina de Dios para nuestra rebeldía, y peticiones finales.

Es mi esperanza que aprendamos a "orar hasta que oremos", como lo hicieron estos profetas de antaño. ¡Tomar pasos en esa dirección ensanchará nuestra fe en un Dios grande!

REFLEXIÓN Y APLICACIÓN

1. "El hábito de terminar nuestras oraciones antes de haber orado realmente es tan común como desafortunado". Examina tu última semana de oración a la luz de esta afirmación. ¿Terminaste prematuramente tus oraciones por cuestiones de tiempo? ¿Fue por distracciones o asuntos que parecían urgentes? ¿Se debió a la falta de planeación del tiempo o de disciplina en tus decisiones, o tal vez a una combinación de todos esos factores? Sea cual sea la razón o las razones para no "orar hasta que ores", pídele a Dios que te faculte para hacer cambios en tu tiempo de oración de

tal manera que puedas experimentar su presencia conforme "oras hasta que ores".

2. "Si cuando venimos en oración sentimos que nuestro corazón está desganado y poco espiritual, no debemos tratar de convencernos de lo contrario. Antes bien, debemos reconocerlo y orar con franqueza, para prevalecer en oración". Todos nos hemos visto en esta situación en algún momento, tal vez incluso con frecuencia. Observa cómo Tozer aconseja que haya sinceridad delante del trono de gracia y que volvamos a centrarnos en Aquel que vive "siempre para interceder por [nosotros]" (He. 7:25). Durante una semana o varios días anota tus oraciones y da tiempo al Espíritu de Dios para que te revele cómo está tu sinceridad delante de Dios y la condición de tu corazón para orar.

3. Existe la posibilidad de que nuestros cinco minutos de oración no se estén haciendo en el poder del Espíritu Santo. Como resultado, es imposible que "oremos hasta que oremos". ¿Cómo se dimensiona este grave error que nos aparta del mandato bíblico de orar "en todo tiempo… en el Espíritu" (Ef. 6:18)? Primero, esta evaluación no podemos hacerla nosotros completamente. Necesitamos un consejero que no solo examine nuestra vida de oración sino todo nuestro caminar con el Señor. En segundo lugar, es un proceso que requiere humildad, arrepentimiento y tiempo a lo largo del cual el Señor renueve nuestra mente, corazón y vida de oración. Con certeza, al final lo conoceremos mejor y nuestros intereses serán más como los suyos. Empieza dando los primeros pasos para encontrar ese consejero y empezar ese proceso de evaluación.

EL CARÁCTER DE DIOS Y LA ORACIÓN

¿Has pensado alguna vez acerca de Dios sin ponerte de rodillas y pedir algo? Cuando oramos, la mayoría de nosotros traemos nuestra lista de compras y decimos: "Señor, me gustaría esto y aquello, y esto también". Nos comportamos como si estuviéramos corriendo a la tienda de la esquina para conseguir algo. Y, en nuestro pensamiento, Dios ha quedado reducido a nada más que Aquel que nos da lo que queremos cuando estamos en aprietos.

Dios, en efecto, nos da lo que queremos. Él es un buen Dios. La bondad de Dios es uno de sus atributos. No obstante, espero que no creamos que Dios existe nada más para contestar las oraciones de las personas. Un hombre de negocios quiere obtener un contrato, así que acude a Dios y dice: "Dios, dame". Un estudiante quiere obtener una buena calificación, así que acude a Dios y dice: "Dame". Un joven quiere que la jovencita lo acepte, así que se pone de rodillas y dice: "Padre, dámela". Simplemente *usamos* a Dios como una especie de fuente que nos da lo que queremos.

Nuestro Padre celestial es muy bondadoso y nos dice que debemos pedir. Cualquier cosa que pidamos en el nombre de su Hijo, Él nos la dará, si está dentro de su voluntad. Y su voluntad es tan amplia como el mundo entero. Aun así, debemos considerar a Dios como el Santo, no solo como Aquel de quien podemos obtener cosas. Dios no es una versión glorificada de Papá Noel que nos da todo lo que queremos y luego desaparece y nos deja vivir como nos place. Él da, pero al dar también se da a sí mismo. Y el mejor regalo que Dios puede darnos es Él mismo. Él da respuesta a la oración, pero después que hemos agotado la respuesta o ya no la necesitamos, todavía tenemos a Dios.

En el yo de Dios no hay pecado. Las criaturas tenemos todas las razones correctas, lógicas y bíblicas para hablar contra el yo y contra el egoísmo, que es el gran pecado. En cambio, la naturaleza de Dios está completamente libre de pecado, porque Dios es el Dios santo, que existe desde siempre, que nunca ha caído. Dice el poeta:

> En tu alabanza incansable de ti mismo,
> tu perfección fulgura;
> se basta a sí misma,
> se admira a sí misma.
> Tal vida solo puede ser tuya
> El Yo Soy que se glorifica, sin tacha
> santidad que no se oculta,
> ¡Divinidad pura![1]

Dios se ama a sí mismo: el Padre ama al Hijo, el Hijo ama al Padre, y el Hijo y el Padre aman al Espíritu Santo. Esto entendieron los hombres en la antigüedad, cuando eran pensadores en

---

1. Frederick William Faber, "Majesty Divine". *Faber's Hymns* (s.l., 1862; reimpr., Charleston, SC: BiblioLife, 2009), p. 5.

lugar de imitadores, y cuando pensaban dentro de los confines de la Biblia.

A propósito, cuando hablo de los atributos de Dios, no intento crear mi propia definición de Dios. Nadie puede definir a Dios de la misma manera que nadie puede subir por una escalera para llegar a la luna. No puedes poner los términos para entrar en el reino de los cielos; tienes que entrar allí por la fe. Pero una vez dentro, puedes pensar en el reino de los cielos. No puedes inventar la forma de llegar a Inglaterra, pero cuando ya estás allí, puedes pensar en Inglaterra.

Así que Dios se ama a sí mismo. Él se ama a sí mismo porque Él es el Dios que creó el amor. Él es el YO SOY de amor, la esencia de toda santidad, y la fuente de toda luz.

Las palabras "yo" y "yo soy" siempre se refieren al yo, a uno mismo. Conocí a un querido hermano anciano; Dios lo bendiga, ya está en el cielo, donde tendrá una corona tan grande que estoy seguro caería sobre mis hombros. Él fue misionero en China y no creía mucho en eso de decir "yo". Él sabía que "yo" se refería a sí mismo, y un yo caído es algo pecaminoso, de modo que él siempre decía "uno". Y hacía comentarios como "cuando uno estaba en China, uno dijo esto, y uno hizo aquello". Aunque se refería a él mismo, temía decir "yo". Si él hubiera escrito el Salmo 23, yo creo que el texto diría algo así como: "El Señor es el Pastor de uno, nada le faltará a uno".

No hay nada malo en decir "yo" o "yo soy". Sin embargo, cuando dices "yo soy", escribes "soy" en minúsculas. En cambio, cuando Dios dijo "YO SOY", lo puso en mayúsculas. Hay una diferencia.

> **Dios no es una versión glorificada de Papá Noel que nos da todo lo que queremos y luego desaparece y nos deja vivir como nos place.**

Cuando Dios dice "YO SOY" quiere decir que Él no procede de nada. Él empezó todo, Él es Dios. Pero cuando yo digo "yo soy", no soy más que un pequeño eco de Dios.

Yo creo que Dios se siente muy orgulloso de sus hijos. Creo que, en medio de la inmensidad de los confines de este universo, Dios se alegra de llamar a su pueblo, pueblo suyo. ¿Recuerdas lo que dijo Dios acerca de Job? Desfilaban los hijos de Dios, los ángeles, y junto a ellos aparece nada menos que Satanás mismo. El descaro, la arrogancia que desplegaba; venía de sus viajes con los hijos de Dios caídos. Y cuando se presentó delante del gran desfile de autoridad, Dios dijo: "¿Te has fijado en mi siervo Job? Hombre intachable y apartado del mal. ¿Te has fijado en mi siervo Job?" [ver Job 1:8, NBLA]. Él estaba orgulloso de Job.

Dios está orgulloso de su pueblo, y Él se enorgullece de que digamos "yo soy" en nuestro pequeño eco de voz, porque Él es la voz original que dijo: "YO SOY EL QUE SOY". La doctrina según la cual el hombre fue creado a imagen de Dios es una de las doctrinas básicas de la Biblia y una de las más sublimes, excelsas, nobles y gloriosas que conozco. No hay nada de malo con el respeto de sí mismo, no hay nada de malo en decir "yo soy", con expresar voluntad y aceptación diciendo "yo", siempre y cuando recordemos que lo decimos en minúsculas, como un eco del original, de aquella voz que dijo primero "YO SOY".

Pareciera extraño que Dios el Hijo fuera llamado la Palabra y que Dios le hubiera dado al hombre la capacidad de hablar. Y a ninguna otra criatura facultó Dios para hablar. Ni el perro más fino puede hablar, ni el estornino más fino (se supone que estos pájaros hablan, pero no saben lo que dicen). Solo el hombre puede hablar, porque solo el hombre posee esto que llamamos el *logos*, la Palabra.

La esencia del pecado es la independencia del yo. Dios se sentó en el trono, el YO SOY. Y apareció el hombre y dijo: "yo también", e intentó elevarse por encima del trono de Dios. Desobedeció a Dios y tomó el bocado en sus propios dientes y se convirtió por sí mismo en un pequeño dios. El mundo pecaminoso dice: "yo soy", olvidando que no es más que un eco de Aquel que está arriba y diciéndolo por derecho propio.

La definición de pecado es la caída del carácter del individuo. Dios es el gran "Sol de justicia" (Mal. 4:2), y en torno a Él, abrigados y sanados por su santa Persona, giran todas sus criaturas: todos los serafines, querubines, ángeles, arcángeles, hijos de Dios y testigos celestes. Y el mejor de todos es el hombre, creado a su imagen.

Durante un tiempo giramos en torno a Dios, como un planeta gira alrededor de su sol. Entonces, un día, el pequeño planeta dijo: "Seré mi propio sol. No me importa este Dios". Y el hombre cayó. A eso lo llamamos la caída del hombre. El pecado se levantó, tomó el yo de Dios, y dijo: "Seré yo por mí mismo". Y Dios quedó excluido. Como dijo el santo apóstol, no quisieron tener a Dios en cuenta y, por consiguiente, Dios los entregó a pasiones vergonzosas (Ro. 1:26). Todo el mal que ahora mantiene ocupados a la policía, a los educadores, a los médicos y psiquiatras, como las desviaciones, la sodomía, el exhibicionismo y todo lo demás, entre muchos otros, son el resultado de la decisión del hombre de quitar a Dios de su mente y de su corazón, de no reconocerlo como Dios. El hombre quiso vivir por su lado para ser su propio pequeño dios.

¿No es así precisamente que se comporta el pecador típico? Él es su propio diosecito. Él es el sol. Él se pone en mayúsculas y olvida que hay alguien allá arriba que va a juzgarlo.

El pecado tiene síntomas y manifestaciones, del mismo modo que un cáncer tiene ciertas manifestaciones. Pablo nos presenta una lista en Gálatas 5:19-21: "Y manifiestas son las obras de la carne, que son: adulterio, fornicación, inmundicia, lascivia, idola-tría, hechicerías, enemistades, pleitos, celos, iras, contiendas, disen-siones, herejías, envidias, homicidios, borracheras, orgías, y cosas semejantes a estas".

Todas estas cosas son síntomas de algo más profundo: la afirma-ción de nuestro yo. Es cuando trato de reivindicar mi yo creado y derivado, ponerme a mí mismo en el trono y decir: "Yo soy yo: Yo soy el que soy".

He leído libros acerca del existencialismo. Podría turbarme y lamentarme por el hecho de que los hombres puedan equivocarse de manera tan trágica, pero ya sabía de su error porque leo mi Biblia. Los existencialistas dicen que el hombre es; el hombre no fue creado, simplemente *es*, y debe partir de ahí. No tiene Creador, ni planeador, nadie que haya ideado su existencia. Simplemente *es*. Ponen en boca del hombre lo que solo Dios puede decir: "Yo soy el que soy". El hombre puede decir, en una voz humilde y modesta: "yo soy". Pero solo Dios puede decir en mayúsculas: "YO SOY EL QUE SOY". El hombre ha olvidado esto, y eso es pecado.

> **En medio de la inmensidad de los confines de este universo, Dios se alegra de llamar a su pueblo, pueblo suyo.**

No es tu mal genio lo que es pecado, es algo más profundo que eso. No es tu avaricia lo que es pecado, sino algo más profundo que eso. Esos no son más que síntomas. Todo el crimen en el mundo, toda la maldad, los robos, las violaciones, los abandonos, los asesinatos, no son más que las manifestaciones externas de una enfermedad interna: el pecado.

Sin embargo, no debe combatirse tanto como una enfermedad sino como una actitud, un desequilibrio. Dios está sentado sobre su trono, el YO SOY EL QUE SOY, el eterno, autosuficiente, que existe por sí mismo. Él hizo al hombre para que fuera como Él y lo dotó de una voluntad. Él dijo: "El hombre puede hacer lo que quiera". Él planeó que el hombre girara alrededor del trono de Dios como los planetas giran alrededor del sol. Pero el hombre dijo: "Yo soy el que soy", y dio la espalda a Dios, y el yo en su condición caída asumió el mando. Sin importar cuántas manifestaciones tenga el pecado, recuerda que la sustancia esencial de la fórmula es siempre el yo.

Por eso no siempre resulta fácil lograr que las personas se conviertan en cristianos verdaderos. Es posible llevarlos a firmar una tarjeta, tomar una decisión, integrarse a una iglesia, o algo parecido. Pero lograr que la gente sea liberada de su pecado es un trabajo muy arduo, porque supone que alguien tiene que bajarse de ese trono. A Dios le pertenece ese trono, pero el pecado ha excluido a Dios y ha tomado el mando.

¿Puedes imaginar esto? El gran Dios Todopoderoso, Creador del cielo y de la tierra, dijo: "Este es mi nombre por todas las generaciones, con el cual se me recordará por todos los siglos: YO SOY EL QUE SOY. Nunca fui creado, no fui hecho por nadie, YO SOY. Yo te hice por amor. Te hice para adorarme, honrarme y glorificarme. Te hice para amarte y sustentarte y entregarme por ti. Pero tú te apartaste de mí. Y decidiste convertirte en dios, y te pusiste en ese trono". En eso consiste el pecado.

Por eso, las Escrituras dicen: "el que no naciere de nuevo, no puede ver el reino de Dios" (Jn. 3:3). ¿Qué significa "nacer de nuevo"? Entre otras cosas, significa una renovación, un renacimiento, pero también significa bajarse del trono y poner a Dios allí. Significa que Aquel que existe por sí mismo es reconocido por Quién es Él.

Hace mucho tiempo, alguien con el nombre de Lucifer recibió de

Dios una posición más elevada que la de cualquier otra criatura, en el trono mismo de Dios. Un día, el orgullo se apoderó de él y dijo: "Subiré a lo alto; en lo alto, junto a las estrellas de Dios, levantaré mi trono". Se llenó de orgullo y Dios lo arrojó de su presencia (Is. 14:12-14). Ese es el diablo.

Y es el diablo el que ahora lidera al mundo, "el príncipe de la potestad del aire, el espíritu que ahora opera en los hijos de desobediencia" (Ef. 2:2), justo allí entre los líderes de la sociedad, nuestros políticos, nuestros hombres de letras y todos los demás. Esto no solo es cierto en Norteamérica sino en todo el mundo desde el día que Adán pecó. Somos culpables de ofender la majestad de Dios, la Realeza que se sienta en el trono eterno que nunca fue creado. Somos culpables de rebelión sacrílega.

Has dicho, en mayúsculas: "YO SOY EL QUE SOY", cuando deberías decir con mansedumbre y reverencia "Dios mío, yo soy porque tú eres". Eso es lo que significa el nuevo nacimiento. Significa arrepentimiento y fe.

Extracto de *The Atributes of God*, vol. 2 (2003; reimpr., Chicago: Moody, 2015). Publicado en español por Casa Creación con el título *Los atributos de Dios*.

EXPLOREMOS CON TOZER

"Toda buena dádiva y todo don perfecto desciende de lo alto, del Padre de las luces, en el cual no hay mudanza, ni sombra de variación" (Stg. 1:17). Este versículo deja claro que Dios es el dador de solo buenas dádivas (aun si en un comienzo no podemos ver lo bueno de la dádiva). Es el dador de dones perfectos, y de dones que se reciben constantemente; es decir, Dios no solo da de cuando en vez sino todo el tiempo. El fundamento de esta verdad es la inmutabilidad de Dios. ¡Dios no cambia! Él es "el mismo ayer, y hoy, y por los siglos" (He. 13:8). Por consiguiente, el centro de nuestra oración no debe ser tanto nuestra lista o la formulación de peticiones, sino Dios, que es el dador de toda buena dádiva y de todo don perfecto.

Recordemos siempre la historia de los diez leprosos que clamaron a Jesús misericordia, y cómo uno solo de ellos glorificó a Dios:

Cuando él los vio, les dijo: Id, mostraos a los sacerdotes. Y aconteció que mientras iban, fueron limpiados. Entonces uno de ellos, viendo que había sido sanado, volvió, glorificando a Dios a gran voz, y se postró rostro en tierra a sus pies, dándole gracias; y éste era samaritano. Respondiendo Jesús, dijo: ¿No son diez los que fueron limpiados? Y los nueve, ¿dónde están? ¿No hubo quien volviese y diese gloria a Dios sino este extranjero? Y le dijo: Levántate, vete; tu fe te ha salvado (Lc. 17:14-19).

La lista de compras de este samaritano solo tenía un artículo, pero cuando acudió al Salvador en actitud humilde, adoración, y gratitud, obtuvo mucho más que eso. Aunque buscaba un don del Salvador, llegó a conocer al Dador de todo don, y también su fe creció. A diferencia de él, nuestros breves momentos de oración y nuestras listas de peticiones, que parecen nada más listas de compras, pueden impedirnos conocer realmente a nuestro Dios que está detrás del regalo que buscamos. Además, nuestra fe no crece y nuestras oraciones se estancan más y más, y se centran cada vez más en nosotros mismos. Que podamos esforzarnos, en el poder del Espíritu Santo, para conocer la gran bondad de Dios para con nosotros, tal como la vemos reflejada en sus buenas dádivas, y en sus dones perfectos que nos prodiga continuamente.

REFLEXIÓN Y APLICACIÓN

1. Haz una evaluación sincera de tus tiempos de oración cuando presentas tus peticiones delante de Dios. ¿Parecen una lista de compras o una "lista de deseos"? Por supuesto, la mayoría de las listas de compras se escriben con la esperanza de obtener todo lo que está en la lista. Las listas de compras incluyen artículos prioritarios, accesorios, y secundarios. ¿Das libertad a Dios para que, por medio del Espíritu Santo, te guíe a concentrarte en una sola petición o mueva tu espíritu a orar por algo que no está en la lista? No hay nada malo con hacer una lista para ayudarle a nuestra débil carne a recordar, pero debemos cuidarnos de dejar que una lista se convierta en una herramienta legalista para apresurar nuestro tiempo de oración con Dios. ¿Te ha llevado tu lista a reaccionar como lo hizo el leproso samaritano? Si no, piensa cómo podrías reestructurar tu tiempo de oración con Dios.

2. "Dios, en efecto, nos da lo que queremos. Él es un buen Dios. La bondad de Dios es uno de sus atributos". Su bondad e inmutabilidad son dos verdades profundas de su carácter que deben enriquecer nuestros tiempos de oración. Cuando terminas de presentar tu lista de oración a Dios, ¿te sientes satisfecho de haber recordado toda la lista tal cual la escribiste? ¿O terminas con la convicción de haber sido escuchado, sintiendo que algunas peticiones cambiaron y se ajustaron

en tu conversación con Dios, y con una paz profunda que sobrepasa todo entendimiento? (Fil. 4:6-7). ¿Ha ampliado tu perspectiva de Dios y se ha renovado, o ha aumentado tu fe? Esta clase de preguntas no pueden responderse con la evaluación de una sola oración, sino que es preciso evaluar un período de uno o dos meses para ver las cosas con mayor claridad. Pide a Dios que cambie tus tiempos de oración, pero si al cabo de unos meses todavía tienes luchas, busca ayuda de creyentes más maduros.

3. "Dios no es una versión glorificada de Papá Noel que nos da todo lo que queremos y luego desaparece y nos deja vivir como nos place. Él da, pero al dar también se da a sí mismo. Y el mejor regalo que Dios puede darnos es Él mismo. Él da respuesta a la oración, pero después que hemos agotado la respuesta o ya no la necesitamos, todavía tenemos a Dios". Reflexiona si has sido consciente del don de Dios mismo en tu vida de oración. ¿O has estado tan centrado en ti mismo y en los dones, que has olvidado al Dador de los dones? Si ese es el caso, pide perdón a Dios y un cambio en tu corazón y en tu vida de oración.

LA VERDAD TIENE DOS ALAS

La verdad es como un ave; no puede volar con un ala solamente. Sin embargo, todo el tiempo intentamos despegar con un ala nada más, aleteando frenéticamente con esta mientras guardamos la otra plegada y fuera de la vista.

Creo que fue el doctor G. Campbell Morgan quien afirmó que "la verdad completa no consiste en 'escrito está', sino en 'escrito está' y 'escrito está también'". El segundo pasaje debe contrastarse con el primero para darle equilibrio y simetría, así como el ala derecha debe trabajar juntamente con la izquierda para darle equilibrio al ave y permitirle volar.

Muchas divisiones doctrinales entre las iglesias son el resultado de la insistencia ciega y obstinada en que la verdad solo tiene un ala. Cada bando se empecina en lo suyo, y tristemente se niega a reconocer la validez del otro. Este error es un mal que aflige a muchas iglesias, pero es una verdadera tragedia cuando se introduce en el corazón del cristiano y empieza a afectar su vida devocional.

La falta de equilibrio en la vida cristiana es, a menudo, el resultado directo del énfasis excesivo en determinados pasajes predilectos, con la correspondiente relegación de otros pasajes relacionados. Porque no solo la negación anula una verdad, sino el hecho de relegarla puede resultar igualmente dañino a largo plazo. Y esto nos pone en la extraña posición de sostener una verdad en teoría al tiempo que la invalidamos por negligencia en la práctica. Una verdad que no se aplica se vuelve tan inútil como un músculo que no se usa.

> **La falta de equilibrio en la vida cristiana es, a menudo, el resultado directo del énfasis excesivo en determinados pasajes predilectos**

En ocasiones, nuestra insistencia dogmática sobre lo que "escrito está", y nuestra reticencia a escuchar lo que "escrito está también" nos convierte en herejes. Nuestra herejía consiste en la variación, por fuera del credo, que no suscita oposición de parte de los teólogos. Un ejemplo de esto es la enseñanza que aparece cada tanto y que tiene que ver con la confesión de pecado. Esto es lo que predica: Cristo murió por nuestros pecados, no solo por todos lo que hemos cometido sino por todos los que podamos cometer en el tiempo que nos queda de vida. Cuando aceptamos a Cristo, recibimos el beneficio de todo lo que Él hizo por nosotros al morir y resucitar. En Cristo, todos nuestros pecados presentes son perdonados de antemano. Por tanto, no es necesario que confesemos nuestros pecados. En Cristo ya están perdonados.

Esto es un completo error, y lo es aún más porque es una verdad a medias. Es cierto que Cristo murió por todos nuestros pecados, pero no es verdad que por el hecho de que Cristo murió por *todos* nuestros pecados, no necesitemos confesar que hemos pecado cuando esto sucede. Esta conclusión no se deriva de esa premisa.

Está escrito que Cristo murió por nuestros pecados, y está escrito también que "si confesamos nuestros pecados, Él es fiel y justo para perdonar nuestros pecados" (1 Jn. 1:9). Los autores de estos dos pasajes hacen parte de la misma compañía, es decir, son cristianos. No nos atrevamos a imponer el primer pasaje para invalidar el segundo. Ambos son verdad, y el uno completa al otro. El significado de los dos es: puesto que Cristo murió por nuestros pecados, si confesamos nuestros pecados, estos serán perdonados. Enseñar otra cosa es tratar de volar con un ala nada más.

He aquí otro ejemplo: según alguien que conocí, está mal orar por la misma cosa dos veces, con el argumento de que si hemos creído verdaderamente cuando oramos, obtendremos la respuesta la primera vez, y cualquier intento adicional revela incredulidad la primera vez. Por consiguiente, no debe haber una segunda oración.

Hay tres errores en esta enseñanza. El primero, que pasa por alto gran parte de las Escrituras. Segundo, que rara vez funciona en la práctica, incluso para el alma más santa. Y tercero, cuando se insiste en ella, despoja al individuo que ora de las armas más poderosas en su lucha contra la carne y el diablo, a saber, la intercesión y la petición.

Cabe decir, sin restricciones, que el intercesor eficaz nunca es un hombre de una sola oración, y tampoco obtiene la poderosa victoria el intercesor exitoso en su primer intento. Si David hubiera acatado el credo de la oración única, sus salmos podrían haber quedado reducidos a un tercio de su extensión actual. Elías no habría orado siete veces para pedir lluvia (por cierto, tampoco habría llovido). Nuestro Señor no habría orado la tercera vez diciendo las mismas palabras, ni Pablo habría rogado al Señor "tres veces" (2 Co. 12:8) para que quitara de él "un aguijón en la carne". De hecho, si esta enseñanza fuera cierta, gran parte de la maravillosa narrativa bíblica tendría que reescribirse, porque la Biblia habla mucho acerca de la oración persistente y continua.

Algo que ocultan esas enseñanzas es el orgullo espiritual inconsciente. El cristiano que se niega a confesar el pecado con el argumento de que ya ha sido perdonado, se está poniendo por encima de los profetas y los salmistas, y de todos los santos que han revelado su realidad personal desde Pablo hasta el presente. Ellos no ocultaron su pecado detrás de un silogismo, sino que lo confesaron completamente y con avidez. Quizá por esto fueron almas tan grandes, y aquellos que aseguran haber encontrado un camino mejor son tan pequeños en comparación.

Resulta inevitable percatarse de la sonrisa presuntuosa del rostro del cristiano que cree que una sola oración basta y notar en esa sonrisa un gran orgullo. Mientras los otros cristianos luchan con Dios en una agonía intercesora, los cristianos de una sola oración se sientan a esperar cómodamente en actitud petulante. Ellos no oran porque ya han orado. El diablo no teme a tales cristianos. Ya los ha vencido, y su técnica ha sido usar falsa lógica.

Usemos las dos alas. Así llegaremos más lejos.

Extracto de *That Incredible Christian* (1964;
reimpr., Camp Hill, PA: WingSpread, 2008).
Publicado en español por Editorial Alianza con
el título *Ese increíble cristiano*.

EXPLOREMOS CON TOZER

En un principio, este capítulo sobre la verdad parece fuera de lugar en un libro sobre la oración, pero es muy relevante ya que trata algunas ideas falsas acerca de la oración que se originan en la falta de conocimiento de la verdad completa como fue revelada en las Escrituras. Como señala Tozer, citando a Campbell Morgan: "la verdad completa no consiste en 'escrito está', sino en 'escrito está' y 'escrito está también'. El segundo pasaje debe contrastarse con el primero para darle equilibrio y simetría, así como el ala derecha debe trabajar juntamente con la izquierda para darle equilibrio al ave y permitirle volar".

Esta falta de equilibrio o simetría puede en verdad distorsionar nuestra vida de oración en formas muy sutiles. Por ejemplo, podría aumentar nuestro orgullo, debilitar nuestra fe, perjudicar nuestro celo por buscar lo mejor de Dios, tergiversar nuestro concepto de Dios y de sus caminos, e interferir en nuestra comunión diaria con Dios.

Una manera de medir este desequilibrio puede ser evaluar estas verdades con la ayuda de varios interrogantes. Primero, ¿quién recibe la gloria: Dios o el hombre? ¿Aumenta mi engreimiento como resultado de orar solo una vez? Segundo, ¿se enriquece mi comunión con Dios con ese desequilibrio en la oración? ¿Mi oración parece muchas veces un monólogo en el que no siento en absoluto que Dios habla? Tercero, ¿hay un elemento sobrenatural en la respuesta a mis oraciones, o yo recibo el mérito porque Dios me pone en el lugar y el momento indicados? Claro que esto puede suceder de cuando en vez, pero hay un componente sobrenatural en dicha disposición divina. Cuarto, ¿siento mayor carga para orar por amigos, familiares, extraños, y situaciones pasajeras? ¿O me contento con orar nada más por personas y cosas que pertenecen a mí círculo íntimo?

Por último, ¿tengo los ojos de la fe para ver la batalla espiritual que se libra a mi alrededor? ¿Experimento los ataques del maligno, o me deja tranquilo el enemigo porque me ha vuelto ineficaz delante del trono de gracia?

Santiago 4:1-10 es un pasaje muy poderoso de las Escrituras que se centra en este equilibrio y simetría en la oración. Observa particularmente la exhortación en los versículos 6 al 10: "Pero él da mayor gracia. Por esto dice: Dios resiste a los soberbios, y da gracia a los humildes. Someteos, pues, a Dios; resistid al diablo, y huirá de vosotros. Acercaos a Dios, y él se acercará a vosotros… Humillaos delante del Señor, y él os exaltará".

Si nos estamos alejando lenta o rápidamente de nuestro Padre celestial, acerquémonos a Él, y Él se acercará a nosotros. ¡Esa es su promesa!

REFLEXIÓN Y APLICACIÓN

1. El único concepto erróneo que trata aquí Tozer con respecto a la oración es que "está mal orar por la misma cosa dos veces", porque si afirmamos que creemos en la primera oración, la segunda revela la incredulidad de la primera. Reflexiona en las respuestas de Tozer que cita de las Escrituras. ¿Cómo responderías a un creyente que tiene esta idea equivocada?

2. Otro concepto erróneo detrás del cual se esconden algunos creyentes (aunque Tozer no trata el tema) es la soberanía de Dios. Por ejemplo, dado que Dios es soberano, ¿para qué orar? ¿Cuál es una perspectiva equilibrada o simétrica de la soberanía de Dios en la oración? ¿De qué manera ha enriquecido o incentivado tus oraciones esta verdad bilateral de la soberanía de Dios? Pide además a Dios que te revele cualquier otra idea equivocada en lo que respecta a tu vida de oración.

3. Santiago 4:1-10 es un pasaje muy valioso acerca de la oración que vale la pena memorizar. Por ejemplo, ¿te cuestionas acerca de por qué pides a Dios ciertas cosas? ¿Será

porque temes la respuesta o porque piensas que sabes la respuesta, o porque inconsciente o conscientemente vas a hacer las cosas a tu manera? Por otro lado, ¿evalúas por qué no recibiste lo que pediste? El objetivo de estas preguntas no es cuestionarnos para que no podamos orar con la libertad del Espíritu, sino para permitir al Espíritu de Dios escudriñar nuestro corazón para sacar a la luz los motivos y las ideas que no glorifican a Dios.

4. "Humillaos delante del Señor, y Él os exaltará" (Stg. 4:10). La próxima semana, medita y ora acerca de este versículo y de lo que significa para ti.

LA SINCERIDAD
EN LA ORACIÓN

El piadoso David M'Intyre, en su brillante librito *The Hidden Life of Prayer*, habla con franqueza, aunque brevemente, acerca de un elemento vital de la verdadera oración que en nuestra era artificial suele pasarse por alto. Me refiero a la simple sinceridad. Dice M'Intyre: "Nos volvemos sinceros cuando nos arrodillamos en su pura presencia". Luego dice:

Cuando nos dirigimos a Dios, nos gusta hablar de Él como pensamos que deberíamos hablar, y hay ocasiones en las cuales nuestras palabras corren mucho más rápido que nuestros sentimientos. Sin embargo, conviene que seamos francos delante de Él. Dios nos permitirá decir lo que queramos, siempre y cuando se lo digamos a Él. El salmista expresó: "A ti clamaré, oh Jehová… Roca mía, no te desentiendas de mí". Si, en cambio, hubiera dicho: "Señor, tú no puedes olvidar. Tú has grabado mi nombre en las palmas de tus manos", habría hablado con mucha mayor solemnidad, pero menos sinceridad.

En una ocasión, Jeremías malinterpretó a Dios. Él gimió con enojo: "¡Ay, Jehová Dios! Verdaderamente en gran manera has engañado a este pueblo". Estas son palabras muy duras para ser pronunciadas delante de Aquel que es verdad inmutable. Sin embargo, el profeta habló como se sentía, y el Señor no solo lo perdonó, sino que salió a su encuentro y allí lo bendijo.[1]

Otro autor espiritual de una extraordinaria profundidad ha recomendado la franqueza en la oración hasta el punto de que podría parecer rudeza extrema. Cuando acudes en oración, dice él, y te das cuenta de que no tienes deseos de orar, díselo a Dios sin fingimiento. Si Dios y las cosas espirituales te aburren, reconócelo con franqueza. Este consejo va a escandalizar a algunos santos que son muy delicados, pero no deja de ser absolutamente sensato. Dios ama el alma transparente aun cuando en su ignorancia en realidad falla por su impetuosidad al orar. El Señor puede sanar sin tardar su ignorancia. En cambio, no se conoce cura para la insinceridad.

> **La oración será más poderosa y real cuando repudiemos todo fingimiento y aprendamos a ser absolutamente sinceros delante de Dios.**

Es difícil deshacerse de la artificialidad que caracteriza a los seres humanos. Circula por nuestra sangre y condiciona nuestros

---

1. David M'Intyre, *The Hidden Life of Prayer* (repr., Grand Rapids, Bethany, 1993), s.p.

pensamientos, actitudes y relaciones mucho más gravemente de lo que imaginamos. Hace unos años apareció un libro acerca de relaciones humanas cuya filosofía subyacente es el engaño, y cuya técnica recomendada es el astuto uso de la adulación para obtener lo que se desea. Se ha vendido con mucho éxito. De hecho, ronda los millones en ventas. Por supuesto que su popularidad puede deberse al hecho de que ha dicho lo que la gente quería oír.

El deseo de dar una buena impresión se ha convertido en uno de los factores más poderosos que determinan la conducta humana. El refinado (y bíblico) lubricante social que se denominaba cortesía ha degenerado en nuestros tiempos en una etiqueta falsa e hipócrita que oculta al verdadero individuo bajo una fachada reluciente tan delgada como una capa de aceite en un estanque. El único momento en que las personas muestran lo que son realmente es cuando se enojan.

Con esta cortesía tergiversada que determina casi todo lo que los hombres dicen o hacen en la sociedad humana, no asombra que resulte tan difícil ser completamente sinceros en nuestra relación con Dios. Persiste como un reflejo mental, y está presente sin que nos demos cuenta. No obstante, es algo que Dios detesta en gran manera. Jesús lo detestó y condenó sin misericordia cuando lo percibió en los fariseos. El niño sin malicia sigue siendo el modelo divino para todos nosotros. La oración será más poderosa y real cuando repudiemos todo fingimiento y aprendamos a ser absolutamente sinceros delante de Dios, así como delante de los hombres.

Un gran cristiano de otra época experimentó una transformación inmediata que le produjo tal dicha y victoria, que despertó la curiosidad de sus amigos. Alguien le preguntó qué le había sucedido. Él respondió con sencillez que su nueva vida de poder había empezado un día cuando, en la presencia de Dios, hizo la promesa de nunca volver a decir en oración algo que no quisiera decir realmente. Su transformación comenzó con esa promesa, y continuó al cumplirla.

He aquí algo que podemos aprender, si lo deseamos.

Extracto de *God Tells the Man Who Cares* (1993; reimpr., Camp Hill, PA: WingSpread, 2010).

EXPLOREMOS CON TOZER

En nuestra era caracterizada por el fingimiento, la fantasía y la preocupación por las apariencias, es difícil encontrar la sinceridad pura y simple. Como verdaderos creyentes en Cristo, no debemos tergiversar la verdad con el propósito de engañar a otros o incluso a nosotros mismos. ¡La sinceridad y el engaño no pueden coexistir! Sabemos a partir de Isaías 53:9 que nunca hubo engaño en la boca de nuestro Salvador. Recuerda también que Jesús elogió a Natanael con estas palabras: "He aquí un verdadero israelita, en quien no hay engaño" (Jn. 1:47). Quizá deberíamos preguntarnos si Jesús nos alabaría por la ausencia de engaño en nuestra forma de vivir y en nuestra vida de oración.

De igual modo, Romanos 1:28-29 nos dice que aquellos que no reconocen a Dios viven "atestados de toda injusticia, fornicación, perversidad, avaricia, maldad… envidia, homicidios, contiendas, engaños y malignidades". Como verdaderos creyentes somos "hijos de luz e hijos del día; no somos de la noche ni de las tinieblas" (1 Ts. 5:5). Por tanto, no debemos adoptar ni participar de la forma engañosa como actúa el mundo, la cual afectará nuestra vida de oración. A la luz de esto, Tozer defiende con firmeza la sinceridad delante de Dios en la oración, la cual transforma el andar del creyente con Cristo y su vida de oración. François Fénelon, un sacerdote francés del siglo XVII, hizo unas declaraciones poderosas acerca de su sinceridad delante de Dios en oración:

Dile a Dios todo lo que pasa en tu corazón, como quien descarga con un amigo todas sus alegrías y tristezas. Cuéntale tus problemas para que Él pueda consolarte, cuéntale tus alegrías para que Él pueda refinarlas, cuéntale tus antipatías para que Él pueda ayudarte a conquistarlas, cuéntale tus tentaciones para que Él pueda librarte de ellas, muéstrale las heridas de tu corazón para que Él pueda sanarlas, exponle tu indiferencia hacia lo bueno, tu inclinación al mal, tu inestabilidad. Dile cómo el amor propio te lleva a ser injusto con otros, cómo la vanidad te seduce para actuar con falsedad, cómo el orgullo enmascara lo que eres delante de ti mismo y de los demás. Si derramas todas tus debilidades, necesidades y problemas ante Él, siempre habrá algo que decir. Nunca podrás agotar el tema, porque siempre habrá algo nuevo. A las personas que no tienen secretos entre sí, jamás les falta tema de conversación. Ellas no miden sus palabras porque no hay nada para ocultar. Tampoco buscan algo para decir. Hablan de la abundancia de su corazón. Sin premeditación, dicen simplemente lo que piensan… Bienaventurados los que pueden alcanzar tal familiaridad y transparencia en su comunión con Dios.[2]

Nosotros también experimentaremos la bendición de esa clase de comunicación con Dios si procuramos, en el poder del Espíritu

2. François Fénelon, *Spiritual Letters of Archbishop Fénelon* (London: Rivingtons Water Place, 1877), p. 206.

Santo, ser sinceros en oración. Tozer señala que "la oración será más poderosa y real cuando repudiemos todo fingimiento y aprendamos a ser absolutamente sinceros delante de Dios, así como delante de los hombres". Espero que todos podamos buscar esa sinceridad en los días que vienen, ¡y así podamos conocer mejor a Dios!

REFLEXIÓN Y APLICACIÓN

1. En *Fe más allá de la razón,* Tozer escribió: "En buena medida vivimos en una tierra de mentiras y engaños. Hay una psicología de engaño y desconfianza enraizada en nosotros desde que nacemos. Pero cuando entramos en la esfera del reino de Dios, la esfera de la fe, encontramos que todo es diferente".[3] De ese modo, hemos adoptado la manera engañosa de actuar de este mundo. Aun los creyentes verdaderos nos hemos vuelto deshonestos. A veces no nos damos cuenta, o a veces sucede que la mayoría de los creyentes que conocemos lo hacen. Esta falta de honestidad impregna nuestra conversación, nuestros pensamientos y nuestras acciones. Lo triste es que se ha infiltrado en nuestra vida diaria de oración y comunión con Dios. Unos pasos en esa dirección deshonesta conducen a más deshonestidad con nosotros mismos, con otros y con Dios. Dedica tiempo a meditar en los pequeños pasos de deshonestidad y arrepiéntete. Tan pronto los has identificado, medita en cómo estas pequeñas manchas de deshonestidad han afectado tu sinceridad delante del trono de gracia y tu capacidad para oír la voz de Dios.

---

3. A. W. Tozer, *Fe más allá de la razón* (Grand Rapids, MI: Editorial Portavoz, 2012), p. 40.

2. ¿Será posible que nuestra falta de honestidad más grave sea la de pensar que nuestra vida de oración está bien, cuando en realidad casi ni oramos o lo hacemos sin poder? Tozer dice que "la oración será más poderosa y real cuando repudiemos todo fingimiento y aprendamos a ser absolutamente sinceros delante de Dios, así como delante de los hombres". Durante la semana próxima, y en el poder del Espíritu Santo, pídele a Dios que te ayude a ser sincero delante de Él y de los hombres. Al cabo de una semana, reflexiona en tus tiempos de oración delante del trono de gracia.

3. ¿Presentas delante del trono de gracia tus dichas, tus sufrimientos, tus problemas, tus vanidades, tus anhelos, tus antipatías, tus indiferencias, tus tentaciones, tus heridas del alma, tu opinión orgullosa, tus inclinaciones depravadas, y especialmente tus debilidades? Pon las palabras de François Fénelon en una tarjeta u hoja de papel para usarla como separador en tu Biblia durante un mes, y recordar así cómo debe funcionar la honestidad en tu oración. Durante el mes próximo, trata de concentrarte en tres aspectos enumerados por semana. Por ejemplo, el lunes concéntrate en tus alegrías, el miércoles en tus sufrimientos, el sábado en tus problemas. Luego, la semana que sigue, evalúa si sientes que hay más apertura y sinceridad en tu relación con Dios.

4. "El niño sin malicia sigue siendo el modelo divino [de oración] para todos nosotros". Este niño no ha sido contaminado por el fingimiento de los seres humanos civilizados, no se ha preocupado por dar una buena impresión, no ha sido afectado por una cortesía falsa y engañosa, y no ha sido sesgado por la jerga y las actitudes religiosas del día.

¿Cómo podemos cultivar este modelo de oración en nuestra atareada sociedad? Dedica una semana para intentar orar como un niño. Al cabo de una semana, ¡evalúa tu honestidad delante de Dios!

LAS ORACIONES PÚBLICAS REVELAN LA ESPIRITUALIDAD

Las profundidades de la espiritualidad de un hombre pueden conocerse con bastante precisión por la calidad de sus oraciones públicas.

Las oraciones bíblicas siguen siendo los ejemplos más perfectos de lo que debería ser la oración agradable a nuestro Padre celestial. Cuán osadas son, y a la vez cuán respetuosas, íntimas y a la vez profundamente reverentes.

Quienes escucharon las oraciones de Martín Lutero nos han contado el tremendo efecto que causaban en sus oyentes. Empezaba con una humildad conmovedora, con su espíritu postrado en total renuncia de sí, y a veces se levantaba a formular sus peticiones con tal vehemencia que alarmaba a los oyentes.

Existe hoy entre nosotros un pseudo-misticismo que aparenta una dulce intimidad con Dios, pero carece del asombro que experimenta el verdadero adorador y que lo deja sin aliento, el asombro que debería sentir siempre en la presencia del Dios santo. Este espíritu afectado a veces se manifiesta en un lenguaje infantil religioso que es indigno de aquellos que se dirigen al Altísimo.

Escuchar a un supuesto cristiano susurrar en tono confianzudo, dirigiendo palabras empalagosas a quien él o ella denomina "Jesús querido", resulta ofensivo para cualquiera que ha tenido la experiencia de ver el cielo abierto y ha quedado atónito y sin palabras delante de la Santa Presencia. Nadie que se haya inclinado ante una zarza ardiente podría después de eso hablar acerca de Dios sin seriedad, y mucho menos ser culpable de dirigirse a Él con ligereza.

> **Las profundidades de la espiritualidad de un hombre pueden conocerse con bastante precisión por la calidad de sus oraciones públicas**

Cuando Horace Bushnell oró en el campo bajo el cielo nocturno, su amigo que estaba arrodillado junto a él retrajo sus brazos contra su cuerpo. "Tenía miedo de extender mis manos por temor de tocar a Dios".

Si bien las oraciones no se dirigen a los oyentes, de todos modos se pronuncian para que ellos las escuchen y, por tanto, deben hacerse con esto en mente. Pablo deja esto muy claro en su primera carta a los Corintios. Finney también habló mucho acerca de esto, como otros grandes de la fe.

En esta era de superficialidad religiosa nos hace bien replantear todo el asunto de la oración pública. No va a perder en absoluto su contenido espiritual si se le somete a un examen en oración, y a la crítica reverente.

Extracto de *The Early Tozer* (1997; reimpr.,
Camp Hill, PA: WingSpread, 2010).

EXPLOREMOS CON TOZER

Jesús pronunció el relato más aproximado de lo que constituye la medida de espiritualidad de la oración, en la parábola del fariseo y el publicano que oraban en el templo (Lc. 18:9-14). Esta es la historia:

A unos que confiaban en sí mismos como justos, y menospreciaban a los otros, dijo también esta parábola: Dos hombres subieron al templo a orar: uno era fariseo, y el otro publicano. El fariseo, puesto en pie, oraba consigo mismo de esta manera: Dios, te doy gracias porque no soy como los otros hombres, ladrones, injustos, adúlteros, ni aun como este publicano; ayuno dos veces a la semana, doy diezmos de todo lo que gano. Mas el publicano, estando lejos, no quería ni aun alzar los ojos al cielo, sino que se golpeaba el pecho, diciendo: Dios, sé propicio a mí, pecador. Os digo que éste descendió a su casa justificado antes que el otro; porque cualquiera que se enaltece, será humillado; y el que se humilla será enaltecido.

Una rápida comparación de los dos hombres deja en evidencia su espiritualidad. El fariseo oraba a sí mismo o a los hombres, mientras que el publicano oraba a Dios. El fariseo tenía palabras de gratitud, mientras que el corazón del publicano estaba lleno de gratitud. El fariseo se comparó con otros y se consideraba mejor que otros, incluso mejor que el publicano, mientras que el publicano se comparó solamente con Dios. El fariseo fue orgulloso, en tanto que el publicano fue humilde. Peor aún fue que el fariseo se jactó de sus obras de la carne, mientras que el publicano manifestó su fe en su oración. El fariseo tenía mucho conocimiento de la ley, pero carecía de experiencia en la práctica de la ley, tal como muchos en la actualidad se gozan en conocer la voluntad de Dios en lugar de hacerla. Por último, el fariseo no elevó peticiones en su oración, mientras que el publicano rogó la misericordia del Dios de toda misericordia y de toda gracia.

Puede ser que la oración del fariseo haya impresionado a los religiosos, pero no a Dios, ya que el hombre tenía un excesivo concepto de sí mismo, y un bajísimo concepto de Dios, además de un sentido distorsionado de los valores.[1] Toda su oración se centraba en el "yo", no en Dios.

Es evidente que no existe fórmula mágica en la repetición de las palabras de la oración del publicano, pero el Señor desea que tengamos el "corazón del publicano, un corazón sensible al pecado y totalmente dependiente de la gracia de Dios". Si oramos así en privado, oraremos de igual manera en público.

REFLEXIÓN Y APLICACIÓN

1. "Las profundidades de la espiritualidad de un hombre pueden conocerse con bastante precisión por la calidad de sus oraciones públicas". La espiritualidad no solo queda en evidencia en la oración pública, sino también en la privada. La oración pública puede ser evaluada por quienes la oyen, mientras que la oración privada es otro asunto. Podría ser interesante transcribir de vez en cuando nuestra oración cotidiana, para ver si se centra en el "yo", o en Dios. Presenta tu oración

---

1. Gary Inrig, *The Parables* (Grand Rapids: Discovery House, 1991), pp. 166-169.

delante de Dios y pídele que examine por medio de ella tu corazón y tus palabras. Si tienes un consejero espiritual, pídele también una crítica reverente.

2. Tozer afirma con razón que las oraciones de la Biblia siguen siendo los ejemplos más perfectos de lo que debe ser la oración. Siempre me han parecido extremadamente enriquecedoras las oraciones de Abraham, Moisés, Elías, Nehemías, Daniel, Jesús, Pablo y muchos otros, tanto en su contenido como en la manera como oran. Asegúrate de estudiar la oración de uno de estos santos del Antiguo Testamento, la enseñanza de Jesús sobre la oración en el Nuevo Testamento, las oraciones de Jesús en los Evangelios, o el contenido de las oraciones de las epístolas una vez cada dos meses. ¡Puedes dar por hecho que experimentarás cambios en tu manera de orar como fruto de ese estudio! Escribe tus experiencias en un diario de oración.

3. La oración pública y privada deben reflejar una dulce intimidad con Dios, fortalecida por un diario caminar con Cristo en el poder del Espíritu Santo. Por ejemplo, ¿es tu intimidad con Dios tan viva como la que tenía Abraham con Dios según se refleja en Génesis 18? ¿Cómo se cultiva esa clase de intimidad con Dios?

4. "En esta era de superficialidad religiosa nos hace bien replantear todo el asunto de la oración pública. No perderá en absoluto su contenido espiritual si se somete a un examen en oración, y a la crítica reverente". Evalúa tu esfera de influencia y tu iglesia a la luz de esta declaración.

LAS MEJORES COSAS CUESTAN

En este mundo retorcido en el que vivimos, las cosas más importantes son, por lo general, las más difíciles de aprender. En cambio, las cosas que vienen con mayor facilidad son casi siempre las que, a la larga, revisten poco valor para nosotros.

Esto se ve claramente en la vida cristiana donde, con frecuencia, aquellas actividades que aprendemos con menos dificultad son las más superficiales y las menos importantes. Por otro lado, los ejercicios que sí son vitales tienden a evitarse por cuenta de su dificultad.

Esto se evidencia aún más en nuestras diversas formas de servicio cristiano, particularmente en el ministerio. Allí, las actividades más difíciles son las que producen el mejor fruto, y los servicios menos fructíferos son los que requieren menor esfuerzo. Esto constituye una trampa que el ministro sabio evitará o, si descubre que ha caído en ella, echará mano del cielo y de la tierra para resistirla y librarse.

Orar con éxito es la primera lección que debe aprender el predicador si ha de predicar de manera fructífera. Sin embargo, la oración es la actividad más difícil a la que hemos sido llamados y, como humanos, es lo que nos veremos tentados a descuidar más que cualquier otra. El predicador debe tomar la determinación en su corazón de conquistar por medio de la oración, y esto supone que debe primero conquistar su propia carne, porque es la carne la que siempre estorba la oración.

Casi todo lo relacionado con el ministerio puede aprenderse con una cantidad razonable de aplicación inteligente. No es difícil predicar, administrar la iglesia, hacer visitas, y oficiar bodas y funerales puede lograrse con éxito con un poco de ayuda del instituto de etiqueta Emily Post y el manual del ministro. Escribir sermones puede aprenderse tan fácil como reparar zapatos, con introducción, conclusión y todo. De igual modo puede llevarse toda la obra del ministerio tal como se realiza en la iglesia promedio actual.

> **Orar con éxito es la primera lección que debe aprender el predicador si ha de predicar de manera fructífera.**

En cambio, la oración es un asunto completamente diferente. Es allí donde la señora Post no es de ayuda y el manual del ministro nada puede ofrecer. Allí es donde el hombre de Dios solitario debe luchar a solas, a veces en ayunos, lágrimas y agotamiento que nunca se revelan. Allí cada hombre debe ser original, porque la verdadera oración no puede imitarse ni puede aprenderse de otro. Cada cual debe orar como si solo él pudiera orar, y su forma de orar debe ser única e independiente. Por supuesto, independiente de todo el mundo, salvo del Espíritu Santo.

Tomás de Kempis dice que el hombre de Dios debe sentirse más a gusto en su aposento de oración que delante del público. No es exagerado afirmar que el predicador que ama estar delante del público apenas está preparado espiritualmente para aparecer delante de sus oyentes. La oración correcta puede fácilmente hacer renuente a un hombre para aparecer en público. El hombre que realmente está a gusto en la presencia de Dios experimentará un dilema interno. Es probable que sienta el peso de su responsabilidad con tanta intensidad que preferiría cualquier cosa antes que enfrentar un público. Aun así, la presión sobre su espíritu puede ser tan grande que ni una jauría de caballos salvajes podrían alejarlo de su púlpito.

Ningún hombre que no haya estado antes delante de Dios debe pararse frente a un público. Un gran número de horas de comunión con Dios deben preceder una hora en el púlpito. El aposento de oración debe ser más frecuentado que la plataforma. La oración debe ser continua, mientras que la predicación solo intermitente.

Es interesante notar que las escuelas enseñan todo acerca de la predicación, salvo la parte más importante: orar. Sin embargo, no debe condenarse a las escuelas por este descuido, porque la oración no puede enseñarse, solo puede practicarse. Lo mejor que puede hacer cualquier escuela o libro (o artículo) es recomendar la oración y exhortar a practicarla. La oración misma debe ser obra del individuo. El hecho de que sea la única obra religiosa que se lleva a cabo con el menor entusiasmo no puede ser más que una de las mayores tragedias de nuestros tiempos.

Extracto de *God Tells the Man Who Cares* (1993; reimpr., Camp Hill, PA: WingSpread, 2010).

EXPLOREMOS CON TOZER

Las Escrituras mencionan que Jesús no solo enseñó sobre la oración, sino que también consideró la oración una disciplina espiritual fundamental que es necesaria para conocer y hacer la voluntad de Dios cada día. Por ejemplo: "Levantándose muy de mañana, siendo aún muy oscuro, [Jesús] salió y se fue a un lugar desierto, y allí oraba" (Mr. 1:35). Él oró toda la noche (Lc. 6:12-13) antes de escoger a los doce apóstoles, y en Lucas 5:16 se dice que Jesús "se apartaba a lugares desiertos, y oraba".

Su vida abundó en oración al Padre en momentos clave de su vida, frente a las profundas necesidades de la gente, después de ser rechazado por los hombres, durante la última cena, en el huerto de Getsemaní, y en la cruz. Siempre estaba orando y, en su ministerio, estuvo siempre presente la enseñanza sobre la oración.

Sin embargo, es interesante que mientras Jesús oraba en cierto lugar, uno de los discípulos se le acercó y dijo: "Señor, enséñanos a orar, como también Juan enseñó a sus discípulos" (Lc. 11:1). A pesar del ejemplo y de las enseñanzas de Jesús sobre la oración, los discípulos todavía se sentían muy deficientes y mal preparados para orar. Es muy probable que los tres discípulos, a raíz de su fracaso en el monte de la transfiguración (Pedro, Santiago y Juan), donde se quedaron dormidos, y los otros nueve que en el valle fueron incapaces de echar fuera el demonio del hijo único de su padre, sintieran la necesidad de preguntar cómo orar. En la última situación, la respuesta de Jesús fue "este género con nada puede salir, sino con oración y ayuno" (Mr. 9:29). Si hay poca fe, hay poca oración. Por otro lado, cuando hay una fe genuina y perseverante en Dios y en su Palabra, hay oración ferviente y constante.

Se necesita oración para percibir el grado de dificultad demoniaca en una situación, la intensidad del dolor, el grado de destrucción de un yugo, y el alcance del engaño. Tan pronto pueden verse desde una perspectiva divina, la solución de Dios, que es específica para cada caso, debe aplicarse. Los discípulos buscaban obviamente una fórmula mágica para la oración y el éxito en la vida y el ministerio, y en realidad no hay tal cosa.

Tozer expresa la realidad de esta búsqueda de los discípulos cuando señala que "la oración no puede enseñarse, solo puede practicarse". Tenemos una fuerte tendencia a depender de métodos y habilidades que nos han funcionado bien en el pasado, en lugar de orar. Muchas de las dificultades, pruebas o problemas que enfrentamos pueden parecer simples, pero en realidad son muy complejos. Como señala *A Mosaic of Faith,*

> Si el problema es extremadamente difícil, se necesita la sabiduría divina y el discernimiento acompañados de la Palabra de Dios para presentar en oración los diferentes componentes del problema (los visibles e invisibles) y para entender el tiempo de Dios para saber cómo proceder.
>
> No hay situación demasiado pequeña que no podamos presentar delante del Señor. Zacarías 4:10 dice: "Porque los que menospreciaron el día de las pequeñeces se alegrarán". Esto es, sin importar que la pequeñez se refiera al tipo de problema o a las partes que componen un problema muy complejo.
>
> Orar de esta manera es una disciplina espiritual que se establece en la vida junto con la dependencia continua de Cristo, su Espíritu, y de la espada del Espíritu. Una de las razones por las cuales esta clase oración no está establecida en la vida de muchos creyentes es porque vemos nuestros problemas como unidimensionales, en lugar de verlos como multifacéticos, compuestos de muchos problemas invisibles o sub-problemas.[1]

---

1. W. L. Seaver, *A Mosaic of Faith:11 Lessons Jesus Taught His Disciples* (Camp Hill, PA: WingSpread, 2012), pp. 123-151.

Lograr establecer la oración de esa manera exige práctica bajo el consejo diario del Espíritu Santo. Además, el creyente no puede sobrevivir con alimento para bebés si ha de enfrentar las batallas de oración del mañana, porque el alimento para bebés no prepara el corazón ni la mente para discernir entre el bien y el mal (He. 5:14). El creyente debe "crecer en la gracia y el conocimiento de nuestro Señor y Salvador Jesucristo" (2 P. 3:18). La sólida enseñanza bíblica impartida desde el púlpito, en el poder del Espíritu Santo, así como nuestra búsqueda personal y diaria de las Escrituras (Hch. 17:11) facilitarán en gran manera este crecimiento en la gracia y el conocimiento a fin de que nuestra oración sea cada vez más eficaz. Debemos cuidarnos de no medir esta eficacia únicamente conforme a nuestro criterio, sino desde la perspectiva de Dios, y principalmente en la medida en que Él sea glorificado.

REFLEXIÓN Y APLICACIÓN

1. "Orar con éxito es la primera lección que debe aprender el predicador si ha de predicar de manera fructífera. Sin embargo, la oración es la actividad más difícil a la que hemos sido llamados y, como humanos, es lo que nos veremos tentados a descuidar más que cualquier otra". Esta afirmación de Tozer abunda en verdades profundas. Para el predicador, la medida de fructificación de su predicación está ligada al éxito en su oración. Sin embargo, ¿acaso no puede hacerse la misma correlación entre la productividad del hombre laico en su ministerio, su trabajo y su familia, y su éxito en la oración? Pregúntate sinceramente si tienes una agenda bíblica que te permite detenerte en la presencia del Señor y orar como lo hizo Abraham (Gn. 18) o Josué (Éx. 33:7-11). Mide tu

frecuencia de oración. ¿Qué respuestas darías frente a lo poco que oraste hoy, o si no has orado? ¡Ora por los cambios que Dios te pediría hacer para volver a tu primer amor!

2. Tozer dijo que un hombre debe "tomar la determinación en su corazón de conquistar por medio de la oración, y esto supone que debe primero conquistar su propia carne, porque es la carne la que siempre estorba la oración". Reflexiona en esta declaración.

3. "El hombre de Dios solitario debe luchar a solas, a veces en ayunos, lágrimas y agotamiento que nunca se revelan. Allí cada hombre debe ser original, porque la verdadera oración no puede imitarse ni puede aprenderse de otro. Cada cual debe orar como si solo él pudiera orar, y su forma de orar debe ser única e independiente. Por supuesto, independiente de todo el mundo, salvo del Espíritu Santo". A la luz de este comentario de Tozer, ¿qué lugar tienen la oración grupal, la lectura de libros sobre la oración, el estudio de las oraciones de los santos del Antiguo y del Nuevo Testamentos, y el análisis de pasajes bíblicos? Vuelve a examinarte con toda honestidad, bajo el escrutinio del Espíritu Santo, si has enfrentado estas luchas o has tenido esta experiencia de oración en los últimos doce meses. En caso negativo, pide a Dios que santifique tus tiempos de oración en los días que vienen. En tal caso, pide a Dios que te guíe poco a poco al siguiente nivel de oración.

4. "La oración no puede enseñarse, solo puede practicarse. Lo mejor que puede hacer cualquier escuela o libro (o artículo) es recomendar la oración y exhortar a practicarla. La oración

misma debe ser obra del individuo. El hecho de que sea la única obra religiosa que se lleva a cabo con el menor entusiasmo no puede ser más que una de las mayores tragedias de nuestros tiempos". Seguramente debemos coincidir con que la oración despierta muy poco entusiasmo en la actualidad, a pesar de que existen sermones, libros y demás recursos que nos exhortan a orar. ¿Será posible que estas exhortaciones a orar no cambien nuestro corazón y nuestras motivaciones porque son impersonales, ya que vienen de otros? Aun así, puede que enfrentemos una necesidad para la cual no existe una solución aparte de Dios, en su tiempo divino. Bien podríamos necesitar tiempo personal y a fondo en la Palabra de Dios para entender a nuestro Dios, sus caminos y sus prioridades. Estudia durante unos meses las oraciones de Abraham, Moisés, Daniel, entre otros, y observa cómo se santifica tu tiempo de oración y cómo tus oraciones toman nuevos rumbos.

5. "Tomás de Kempis dice que el hombre de Dios debe sentirse más a gusto en su aposento de oración que delante del público". ¿Te sientes igual en tu aposento de oración que delante de las personas en el trabajo, en tu comunidad, en tu esfera política, en tu ministerio, y en tu familia? Durante los próximos treinta días, pide a Dios que te ayude a sentirte más a gusto en oración. Si esto ocurre, ¿qué cambios esperas ver?

UNA PALABRA A LOS HOMBRES ACERCA DE LAS MUJERES

La oración no es una obra que esté asignada a un grupo específico de la iglesia. Es la responsabilidad de todos, y es el privilegio de todos. La oración es la función respiratoria de la iglesia; sin ella nos ahogamos y moriríamos, como un cuerpo vivo que es privado del aliento de vida. La oración no conoce género, porque el alma no tiene sexo, y es el alma la que debe orar. Las mujeres pueden orar, y sus oraciones serán contestadas. De igual manera los hombres, y así deben hacerlo si han de cumplir el papel que Dios les ha asignado en la iglesia.

Cuidémonos de no caer imperceptiblemente en la situación en la que las mujeres se hacen cargo de la oración y los hombres, de dirigir las iglesias. Los hombres que no oran no tienen derecho alguno a dirigir los asuntos de la iglesia. Si bien creemos en el liderazgo de los hombres dentro de la comunidad espiritual de los santos, ese liderazgo debe ganarse por méritos espirituales.

El liderazgo requiere visión, y ¿de dónde vendrá la visión sino de horas invertidas en la presencia de Dios, en oración humilde y fervorosa? Partiendo de un principio de igualdad, una mujer que ora conocerá la voluntad de Dios para la iglesia muchísimo mejor que un hombre que no ora.

Aquí no abogamos por entregar las iglesias en manos de las mujeres, pero sí el reconocimiento de las capacidades espirituales adecuadas que se exige del liderazgo masculino si ha de continuar decidiendo el rumbo que deben tomar las iglesias. No basta con que dé la casualidad de que son hombres. Solo la masculinidad espiritual califica para la tarea.

> **La oración no es una obra que esté asignada a un grupo específico de la iglesia. Es la responsabilidad de todos.**

Los apóstoles ordenaron: "Buscad, pues, hermanos, de entre vosotros a siete varones de buen testimonio, llenos del Espíritu Santo y de sabiduría, a quienes encarguemos de este trabajo" (Hch. 6:3). Los hombres escogidos a partir de esta directiva se convirtieron en los primeros diáconos de la iglesia. De ese modo, la dirección de ciertos asuntos de la iglesia fue puesta en manos de hombres espiritualmente calificados. ¿Acaso no deberíamos mantener hoy la misma norma?

Extracto de *We Travel an Appointed Way*, rev.ed. (1988; reimpr., Camp Hill, PA: WingSpread, 2010).

EXPLOREMOS CON TOZER

Las palabras de Tozer en esta sección acerca de la oración reflejan lo que él veía en la iglesia de su época: que las mujeres oraban mucho más que los hombres. Si pudiéramos tomar distancia y ser honestos delante de Dios, la situación actual es prácticamente la misma en algunas iglesias, pero peor en la gran mayoría, puesto que hay muy poca oración, provenga del género que sea. Romanos 12:12 nos dice que todos los creyentes deben ser "constantes en la oración", y Judas 20 anima a los creyentes a edificar su "santísima fe, orando en el Espíritu Santo". Edificarnos sobre nuestra santísima fe requiere la Palabra de Dios (escuchar a Dios), obediencia a la Palabra en el poder del Espíritu Santo (un andar recto delante de Dios), y oración a Dios (una conversación diaria con Él). En resumen, se exhorta cada creyente a consagrarse a la oración, pero debe ser una oración impulsada por el Espíritu Santo, y también fundada en la Palabra de Dios.

El apóstol Pablo nos recuerda la batalla espiritual incesante que se libra a nuestro alrededor: "Por lo demás, hermanos míos, fortaleceos en el Señor, y en el poder de su fuerza. Vestíos de toda la armadura de Dios, para que podáis estar firmes contra las asechanzas del diablo… orando en todo tiempo con toda oración y súplica en el Espíritu, y velando en ello con toda perseverancia y súplica por todos los santos" (Ef. 6:10-11, 18).

Este recordatorio debería concientizar nuestra alma a considerar la Biblia como el mundo real. Tozer mismo ha señalado que muchos santos ven este mundo como un campo de recreo, no como un campo de batalla y, por consiguiente, viven jugueteando en vez de vivir batallando. El resultado final es que no ven el valor que tiene la oración para Dios, para la iglesia, para su propia familia, y para transformar el mundo para Cristo. Esta ausencia de oración que vemos en la iglesia entre los hombres y las mujeres es la evidencia de nuestra esterilidad en la Palabra de Dios y en nuestro andar por la fe. E. M. Bounds hizo el siguiente comentario acerca de la oración:

Lo que la iglesia necesita hoy no es más maquinaria o nuevas y mejores organizaciones o más métodos novedosos, sino hombres a quienes el Espíritu Santo pueda usar: hombres de oración, hombres poderosos en oración. El Espíritu Santo no fluye a través de esos métodos, sino a través de los hombres. Él no unge planes, sino hombres, hombres de oración.[1]

Es triste afirmar entonces que vemos una mayor confianza en métodos, maquinaria y estrategias, en lugar de una mayor confianza en Dios y una dependencia exclusiva de Él. ¿Cómo revertimos esa tendencia? Debemos "[humillarnos], pues, bajo la poderosa mano de Dios" (1 P. 5:6) conforme adoptamos para siempre sus caminos y sus prioridades. Esto es cierto tanto para hombres como para mujeres, si hemos de ser verdaderamente el pueblo de Dios, la luz y la sal de este mundo caído.

REFLEXIÓN Y APLICACIÓN

1. "La oración no es una obra que esté asignada a un grupo específico de la iglesia. Es la responsabilidad de todos, y es el privilegio de todos. La oración es la función respiratoria de la iglesia; sin ella nos ahogamos y moriríamos, como un cuerpo vivo que es privado del aliento de vida". Reflexiona en esta afirmación y pide a Dios que te permita evaluar a la luz de ella tu iglesia y tus circunstancias. Mejor aún, preguntándote si en tu caso personal acudes a otras personas para pedir apoyo en oración cuando suceden cosas extrañas. ¿Vives tú también en constante oración como ellas, o descargas toda la

---

1. E. M. Bounds, *Power through Prayer* (Grand Rapids: Baker, 1972), p. 7.

responsabilidad sobre los demás? ¿Qué tendría que cambiar Dios al respecto en tu vida de oración?

2. "Cuidémonos de no caer imperceptiblemente en la situación en la que las mujeres se hacen cargo de la oración y los hombres, de dirigir las iglesias. Los hombres que no oran no tienen derecho alguno a dirigir los asuntos de la iglesia". Es fácil caer, sin darse cuenta, en el error de considerar la oración no como la prioridad de todos en la iglesia sino de unos pocos elegidos. ¿Cuál es la prioridad de oración en tu iglesia o en tu vida? ¿Se reconoce a los líderes de tu iglesia o ministerio por ser personas de oración? ¿Ha habido un desliz imperceptible hacia una desvalorización y falta de práctica de la oración en tu comunidad cristiana? ¿Qué debe hacerse para revertir esa tendencia? Pasa tiempo en oración para que ocurra ese cambio tanto en hombres como en mujeres.

3. "El liderazgo requiere visión, y ¿de dónde vendrá la visión sino de horas invertidas en la presencia de Dios, en oración humilde y fervorosa?". Medita en esta afirmación.

4. Tozer defiende con acierto el reconocimiento de "las capacidades espirituales adecuadas que se exige del liderazgo masculino si ha de continuar decidiendo el rumbo que deben tomar las iglesias". Muchas veces, cuando se escogen los líderes en una iglesia local, no se hacen preguntas acerca del compromiso de oración de los candidatos. Según vemos en Hechos 6:4, los apóstoles tenían el compromiso adecuado: "Y nosotros persistiremos en la oración y en el ministerio de la Palabra". Pregúntate con honestidad si la

oración ha sido una prioridad en tu vida y en tu ministerio. ¿Qué dirías a un joven creyente que lucha con darle prioridad a la oración o a un candidato para el liderazgo de la iglesia que no tuviera esta prioridad?

¿CONTESTA DIOS SIEMPRE LA ORACIÓN?

Contrario a la opinión popular, cultivar una mentalidad de creer sin cuestionamientos no es un bien categórico y, si se lleva demasiado lejos, puede ser un mal total. El mundo entero está lleno de trampas del diablo, y la trampa más mortífera es la religiosa. El error nunca parece tan inocente como cuando se encuentra en el santuario.

Un área en la que existen un sinnúmero de trampas mortíferas que parecen inofensivas es la de la oración. Hay más nociones placenteras acerca de la oración de las que podría contener un libro voluminoso, todas estas equivocadas y en extremo perjudiciales para las almas de los hombres.

Creo que una de esas nociones falsas se encuentra a menudo en plácidos lugares, sonriente y en compañía de otras nociones de ortodoxia incuestionable. Se trata de la noción de que *Dios siempre contesta la oración*.

Este error aparece entre los santos como una clase de terapia filosófica multiuso para evitar que algún cristiano desilusionado sufra una conmoción demasiado grande cuando se da cuenta de que sus expectativas de oración no se han cumplido. Se explica que siempre Dios siempre contesta la oración, ya sea de manera afirmativa o negativa, o sustituyendo por otra cosa el favor deseado.

Ahora bien, sería difícil inventar un truco más formidable que este para proteger la imagen del individuo que formula las peticiones que han sido rechazadas por falta de obediencia. De ese modo, lo único que tiene que hacer cuando la oración no recibe respuesta es sonreír y explicar que "Dios dijo no". Todo esto resulta muy cómodo. Su fe tambaleante queda a salvo de la confusión, y su consciencia puede quedar tranquila. Pero me pregunto si esto es honesto.

> **Si queremos recibir respuestas a la oración, debemos cumplir los términos que Dios ha fijado.**

A fin de recibir una respuesta a la oración, tal como emplea el término la Biblia y como los cristianos lo han entendido históricamente, deben estar presentes dos elementos: (1) una petición clara que se dirige a Dios por un favor específico; y (2) un claro otorgamiento de ese favor de parte de Dios en respuesta a la petición. No debe haber tergiversación del significado, ni cambio en los términos, ni alteraciones en la ruta que ayuden al viajero a ubicarse a lo largo del viaje.

Cuando nos presentamos delante de Dios con una petición para que Él modifique a nuestro favor una situación existente, es decir, que Él conteste la oración, se deben cumplir dos requisitos: (1) debemos orar conforme a la voluntad de Dios; y (2) debemos basarnos en lo que los cristianos de antaño solían denominar "el fundamento de la oración", es decir, debemos vivir vidas que son agradables a Dios.

Es inútil rogar a Dios que obre de manera contraria a sus

propósitos revelados. A fin de orar con confianza, el individuo que pide en oración debe estar seguro de que su petición está incluida en la amplia voluntad de Dios para su pueblo.

La segunda condición también es de vital importancia. Dios no se ha impuesto la obligación de honrar las peticiones de cristianos mundanos, carnales o desobedientes. Él solo escucha y contesta las oraciones de quienes andan en sus caminos:

> Amados, si nuestro corazón no nos reprende, confianza tenemos en Dios; y cualquiera cosa que pidiéremos la recibiremos de él, porque guardamos sus mandamientos, y hacemos las cosas que son agradables delante de él… Si permanecéis en mí, y mis palabras permanecen en vosotros, pedid todo lo que queréis, y os será hecho (1 Jn. 3:21-22; Jn. 15:7).

Dios quiere que oremos, y Él quiere contestar nuestras oraciones, pero también quiere que combinemos nuestro uso de la oración como privilegio con su uso de la oración como disciplina. Si queremos recibir respuestas a la oración, debemos cumplir los términos que Dios ha fijado. Si descuidamos sus mandamientos, nuestras peticiones no serán tenidas en cuenta. Él va a alterar situaciones solamente cuando la petición proviene de almas obedientes y humildes.

El sofisma según el cual "Dios siempre contesta la oración" deja al hombre que ora sin disciplina. Sirviéndose de este sutil razonamiento falaz, este individuo pasa por alto la necesidad de vivir con sobriedad, rectitud y piedad en este mundo y, en efecto, considera el hecho de que Dios se niega a contestar su oración como la respuesta misma. Es evidente que tal hombre no crecerá en santidad, nunca aprenderá a luchar y esperar, nunca conocerá la corrección, nunca escuchará la voz de Dios que lo llama a avanzar, nunca llegará al lugar donde se convierte en un hombre moral y espiritualmente calificado para recibir respuesta a sus oraciones. Su filosofía equivocada lo ha llevado a la bancarrota.

Por lo anterior, me desvío un poco para exponer la mala teología sobre la cual se basa esta nociva filosofía. El hombre que la acepta nunca sabe dónde está parado, nunca sabe si tiene o no fe verdadera, porque si su petición es negada, evita que de ello se infiera algo con el simple truco de declarar que Dios modificó por completo el asunto y le dio otra cosa a cambio. Evita apuntar a un blanco específico y, de esa manera, no puede decir qué tan buen tirador es.

De algunas personas, Santiago dice explícitamente: "Pedís, y no recibís, porque pedís mal, para gastar en vuestros deleites" (4:3). A partir de esta breve frase, podemos deducir que Dios niega ciertas peticiones porque el que las hace no es moralmente digno para recibir la respuesta. Sin embargo, esto carece de significado para el que ha sido seducido a creer que Dios siempre contesta la oración. Cuando tal individuo pide y no recibe, le da vuelta al asunto e inventa alguna respuesta. A esto se aferra con gran tenacidad: Dios nunca da la espalda a nadie, siempre concede cada petición.

La verdad es que Dios contesta la oración que se conforma a su voluntad tal como ha sido revelada en las Escrituras, siempre y cuando el que ora sea obediente y confíe en Él. No nos atrevamos a ir más allá de eso.

Extracto de *Man: The Dwelling Place of God* (1966; reimpr., Camp Hill, PA: WingSpread, 2006).

EXPLOREMOS CON TOZER

"¿No sabéis que la amistad del mundo es enemistad contra Dios? Cualquiera, pues, que quiera ser amigo del mundo, se constituye enemigo de Dios" (Stg. 4:4). Tal amistad con el mundo significa que dejamos de pensar los pensamientos de Dios, de obedecer la Palabra de Dios, de orar según la voluntad de Dios y, en vez de procurar hacer la voluntad de Dios, hacemos nuestra propia voluntad en todos nuestros asuntos personales. Como amigo del mundo, el creyente mundano puede caer fácilmente en el engaño de pensar que Dios siempre contesta las oraciones sin ningún examen divino de su corazón cuando la respuesta es negativa. En cambio, el amigo de Dios, como fue llamado Abraham y se refirió Jesús a sus discípulos (Jn. 15:14-15), pudieron aceptar un sí, un no, o un cambio en las peticiones. Con una vida que era agradable al Padre, tales amigos contaban con "el fundamento de la oración".

Nosotros carecemos del "fundamento de la oración" cuando los largos tentáculos del pecado han alcanzado nuestra vida, o cuando nos hemos conformado a este mundo. La voluntad de Dios es que no practiquemos el pecado. Pero si pecamos, y todos pecamos (1 Jn. 1:8-9), lo confesamos y aceptamos el perdón y la limpieza de Dios, y seguimos adelante en el poder del Espíritu Santo. Cuando estamos en pecado, Dios escuchará nuestra oración, pero la respuesta será no. (Ahora bien, puede haber otras razones para un "no", tales como "ahora no").

Además, todo creyente debe saber que Dios nunca puede contestar oraciones que están contra su voluntad. ¿Cuál es la voluntad de Dios para nosotros? Con certeza, sabemos que es ser santos en todo lo que hacemos y pensamos, servirle en pureza y no a servirnos nosotros mismos, ser luz en medio de las tinieblas, y hacer discípulos en Cristo.

Una forma de determinar si contamos con el fundamento de la oración es examinar nuestras peticiones a Dios Padre. Por ejemplo, ¿cuántas de nuestras peticiones de oración no son más que nuestro afán de tener lo que otros tienen? O ¿cuántas de nuestras peticiones buscan guardar las apariencias, mantenernos cómodos en nuestra esfera de vida, ganar ventaja sobre otra persona, o quizá presumir delante de otros? Esta amistad subyacente con el mundo daña nuestra relación con nuestro Dios Todopoderoso, debilita nuestra vida de oración, y nos roba el discernimiento.

Hebreos 5:14 dice: "pero el alimento sólido es para los que han alcanzado madurez, para los que por el uso tienen los sentidos ejercitados en el discernimiento del bien y del mal". Analicemos este versículo. En primer lugar, hay falta de discernimiento en la vida del creyente, pero sobre todo en la oración. Observa lo que dice Tozer acerca de la falta de discernimiento en *La raíz de los justos*:

La gran deficiencia a la cual me refiero es la falta de discernimiento espiritual, especialmente entre nuestros líderes. Cómo puede haber tanto conocimiento de la Biblia y tan poca comprensión y percepción, tan poco efecto en lo moral, es uno de los enigmas del mundo religioso actual… Si el conocimiento de la doctrina bíblica fuera garantía de piedad, en toda la historia esta sería sin duda la era de la santidad. En lugar de eso, bien podría denominarse la era de la cautividad babilónica de la iglesia, o la era de la mundanalidad, cuando quienes profesan ser la Novia de Cristo, en cifras que resultan increíbles, se dejaron cortejar por los hijos de los hombres.[1]

En segundo lugar, esta falta de discernimiento viene de la falta de entrenamiento de los sentidos espirituales que se lleva a cabo mediante la puesta en práctica de la Palabra de Dios. Es posible

---

1. A. W. Tozer, *The Root of the Righteous* (Camp Hill, PA: WingSpread Publishers, 2006), p. 124.

que un creyente solo tenga conocimiento intelectual, o esté de acuerdo mentalmente con la Palabra, pero nunca dedique tiempo a meditar en ella y a integrarla en su vida interior. O tal vez no se ha rendido a la verdad revelada. Jesús dijo a sus seguidores: "Mirad, pues, cómo oís; porque a todo el que tiene, se le dará; y a todo el que no tiene, aun lo que piensa tener se le quitará" (Lc. 8:18). Es, pues, crucial para nuestro discernimiento e incluso en oración, que escuchemos la Palabra y la pongamos en práctica en nuestra vida. En tercer lugar, es necesario el alimento sólido de la Palabra de Dios para adquirir discernimiento. Las palabras de Pablo en 1 Corintios 3:1-3 expresan esta importancia:

> De manera que yo, hermanos, no pude hablaros como a espirituales, sino como a carnales, como a niños en Cristo. Os di a beber leche, y no vianda; porque aún no erais capaces, ni sois capaces todavía, porque aún sois carnales; pues habiendo entre vosotros celos, contiendas y disensiones, ¿no sois carnales, y andáis como hombres?

El alimento sólido de las Escrituras, acompañado de la obra y del poder que otorga el Espíritu Santo en la vida del creyente, hace real la verdad bíblica. Sin embargo, muchos creyentes no están hambrientos de alimento sólido, y se conforman con leche y con aprender una y otra vez los primeros rudimentos de la Palabra de Dios (He. 5:11-13), y por su comezón de oír han amontonado maestros conforme a sus propias concupiscencias (2 Ti. 4:3). El resultado final es una amistad con el mundo que constituye hostilidad del creyente hacia Dios, como lo evidencia su incapacidad para discernir que la respuesta a su oración es "no" por su falta de obediencia.

Estamos llamados a ser "para Dios… grato olor de Cristo" (2 Co. 2:15), no a caminar como el hombre natural y ser un hedor para el Padre por causa de nuestra mundanalidad. Nuestras oraciones deben ser un incienso fragante delante del trono. Es mi anhelo que nos esforcemos por serlo en el poder del Espíritu Santo, al tiempo que le pedimos que nos ayude a discernir correctamente las respuestas a nuestras oraciones.

REFLEXIÓN Y APLICACIÓN

1. "Un área en la que existen un sinnúmero de trampas mortíferas que parecen inofensivas es la de la oración. Hay más nociones placenteras acerca de la oración de las que podría contener un libro voluminoso, todas ellas equivocadas y en extremo perjudiciales para las almas de los hombres". Una de estas es que "Dios siempre contesta la oración". Algunos aspectos perjudiciales para el alma son: (1) la incapacidad del creyente para pedir a Dios Espíritu Santo que examine su corazón y saque a la luz la mundanalidad o la impiedad que frenan la respuesta a la oración, (2) un apetito disminuido por el alimento sólido de la Palabra, (3) una creciente falta de discernimiento entre el bien y el mal, (4) una disminución de la disciplina y persistencia en las cosas de Dios, (5) una falta de crecimiento en santidad, y (6) una marcada tendencia a conformarse más y más al mundo. Reflexiona acerca de algunas oraciones del año pasado que recibieron como respuesta un "no". ¿Cómo reaccionaste a esas negativas? ¿Fueron momentos determinantes que te movieron a una mayor excelencia en Cristo, o justificaste la respuesta y te conformaste con tu condición espiritual (o incluso retrocediste)? Dedica tiempo la próxima semana a reflexionar en esta pregunta.

2. "El sofisma según el cual 'Dios siempre contesta la oración' deja al hombre que ora sin disciplina. Sirviéndose de este sutil razonamiento falaz, este individuo pasa por alto la necesidad de vivir con sobriedad, rectitud y piedad en este mundo y, en efecto, considera el hecho de que Dios se niega a contestar su oración como la respuesta misma. Es evidente que tal hombre no crecerá en santidad, nunca aprenderá a luchar y esperar, nunca conocerá la corrección, nunca escuchará la voz de Dios que lo llama a avanzar, nunca llegará al lugar donde se convierte en un hombre moral y espiritualmente calificado para recibir respuesta a sus oraciones. Su filosofía equivocada lo ha llevado a la bancarrota". Así, la falta de crecimiento en santidad, la falta de deseo por esforzarse y esperar en Dios, el rechazo de la corrección, y la incapacidad de oír la voz de Dios evidencian que la falta de obediencia ha corrompido nuestra vida de oración y nuestra comunión diaria con el Padre. Dedica un momento a reflexionar si algunos de estos síntomas se han manifestado en tu vida en Cristo. Si los síntomas reflejan tibieza en tus disciplinas espirituales y respecto a las cosas de Dios, arrepiéntete sin tardar y busca primeramente el reino de Dios.

3. "Dios no se ha impuesto la obligación de honrar las peticiones de cristianos mundanos, carnales o desobedientes. Él solo escucha y contesta las oraciones de quienes andan en sus caminos". Si podemos ser engañados fácilmente por nuestra desobediencia en lo que respecta a la respuesta a nuestras oraciones, tal vez resulte útil llevar un diario que haga un seguimiento de nuestras oraciones y de las respuestas recibidas. (Debemos cuidarnos de convertir este diario en

un motivo para jactarnos acerca de la relevancia de nuestras oraciones). Además, necesitamos más creyentes maduros que puedan aconsejarnos, que puedan hablar a nuestra vida con palabras de corrección y aliento, y que puedan ser ejemplo de cómo ser "santos en toda vuestra manera de vivir" (1 P. 1:15). ¿Quién o quiénes son tus consejeros en Cristo? Si no tienes uno, empieza a orar a Dios para que te provea por lo menos uno.

4. "Dios quiere que oremos, y Él quiere contestar nuestras oraciones, pero también quiere que combinemos nuestro uso de la oración como privilegio con su uso de la oración como disciplina". Tozer expresó de manera concisa el deseo de Dios de que tengamos comunión con Él, y su deseo de cambiar o actuar en nuestra esfera de influencia en este mundo caído por medio de la oración. En lo personal, me preocupa que mi falta de oración como resultado de mi propio pecado, del exceso de actividad, o de la inversión de prioridades, pueda estorbar el propósito perfecto de Dios en algunas situaciones. Sin embargo, la mayor pérdida es haberme privado del privilegio de ser un colaborador con el Dios infinito y Todopoderoso del universo. Es mi deseo que podamos sensibilizarnos a esta pérdida, y ser movidos siempre por el Espíritu Santo a no dejar de orar.

ORACIÓN Y EXPECTATIVA IMPRECISAS

La oración es el método de Dios para llevar a cabo sus propósitos sobre la tierra. Jesús dijo "al que cree todo le es posible", y también "todas las cosas son posibles para Dios" (Mr. 9:23b; 10:27b). La oración une a Dios y a la persona que ora en uno solo, y declara que Dios es omnipotente, y que la persona que ora es omnipotente (en principio) porque está en contacto con la omnipotencia.

Veo en el pueblo de Dios demasiada humildad incrédula y una actitud constante de reprobación de sí mismo, en un tono condenatorio, tímido y temeroso. Esto no debe ser así. "Acerquémonos, pues, confiadamente al trono de la gracia, para alcanzar misericordia y hallar gracia para el oportuno socorro" (He. 4:16). Acerquémonos confiados. ¿Y no deberíamos ser humildes? Por supuesto que sí, pero ningún hombre debe ser tan humilde como para no pedir o, de lo contrario, estamos cayendo en el juego del diablo. Debemos ser humildes, pero debemos atrevernos a pedir, a buscar, y a llamar a la puerta.

Debe haber una expectativa de recibir algo. Debemos ser específicos en nuestras oraciones. Ya he dicho antes, y lo repito, que una de las mayores trampas en la oración es orar de manera imprecisa. Yo acostumbraba a salir a disparar con un rifle en el estado de Pennsylvania. Todavía me gusta salir y practicar puntería. Solía disfrutar usar una pistola grande, como una de ocho milímetros o una 30-30, porque, cada vez que disparaba, se producía una gran explosión, salía humo, y yo casi caía de la fuerza del disparo. Eso me hacía sentir realmente grande. Sin embargo, cuando le apuntaba a algo, era vergonzoso porque casi nunca lograba dar en el blanco.

> **Debemos ser humildes, pero debemos atrevernos a pedir, a buscar, y a llamar a la puerta.**

De igual manera, cuando alguien ora de forma imprecisa, se produce una gran explosión, y otros dicen: "¡Vaya!, ese sí es un hombre que ora". Pero ¿acerca de qué ora? ¿Ha escuchado Dios su oración, o simplemente está disparando a una nube? ¿Cómo se sabe si atina? Está disparando hacia la fachada de un granero. Tal vez atinó, o tal vez se trata nada más de un agujero natural de la madera. Dispara y apunta a un blanco definido, y si fallas el blanco, puedes decir:"No lo logré. Lo siento". Si oro por algo y Dios no lo concede, Él no se glorifica en absoluto si yo me convenzo a mí mismo de haberlo logrado.

Si quieres ser lleno del Espíritu Santo y dices: "Quiero todo ya mismo, lo tomaré", eso es lo que tú piensas. Sin embargo, debes estar dispuesto a dejar que Dios te pruebe, y estar seguro de si Él ha respondido o no tu oración. Definitivamente debes esperar recibir algo.

Sermón editado, Southwest Alliance Church,

Chicago: sin fecha.[1]

EXPLOREMOS CON TOZER

Este fragmento sobre la oración abunda en ingredientes clave para una oración eficaz: confianza, humildad, necesidad, fe, expectativa, y peticiones específicas. Sin embargo, el énfasis está en una petición específica o definida (fruto de una necesidad) que se viste de humildad, se afianza en la fe y la expectativa, y se expresa confiadamente a la luz de la Palabra de Dios. Andrew Murray lo expresó muy bien:

> Nuestras oraciones no deben ser una súplica imprecisa a su misericordia, un clamor indefinido por bendición, sino la expresión clara de una necesidad definida. No es que su amoroso corazón no entienda nuestro clamor, o no esté dispuesto a oír, sino que así lo ha dispuesto para nuestro bien. Esa clase de oración definida nos enseña a conocer mejor nuestras propias necesidades. Exige tiempo, exige pensar bien, y un autoexamen para determinar cuál es nuestra mayor necesidad. Nos permite examinarnos y ponernos a prueba para ver si nuestros deseos son honestos y reales, de tal modo que estemos dispuestos a perseverar en ello. Nos obliga a dictaminar

---

1. A. W. Tozer, *Success and the Christian*, comp. James L. Snyder (Camp Hill, PA: Christian Publications, 1994), pp. 99-100.

si nuestros deseos se conforman a la Palabra de Dios, y si realmente creemos que vamos a recibir aquello que pedimos. Nos ayuda a esperar la respuesta específica, y a celebrarla cuando viene.[2]

Esta clase de oración específica o definida tiene muchas ventajas. Primero, nos exige conocer mejor nuestras necesidades para formular una petición específica. Eso requiere que pasemos tiempo delante del Señor para que Él pueda definir de manera específica la petición. Sin embargo, nuestro estilo de vida ajetreado y afanoso no provee el tiempo para sentarse con sencillez, honestidad y quietud delante del Señor. El resultado negativo de la oración difusa es que nos lleva a un escaso conocimiento específico del Salvador y Dios. Segundo, nuestra jornada de oración con una petición específica constituye un verdadero barómetro del crecimiento o estancamiento de nuestra fe. Por ejemplo, ¿perseveramos en la petición específica y también permitimos, con el tiempo, que Dios pula ciertos detalles de la petición? O ¿empezamos orando por una petición específica y nos cansamos de esperar la respuesta de Dios en su tiempo? ¿Nos enojamos cuando no contesta como queremos?

Nunca debemos olvidar que la respuesta tardía a la oración es parte del propósito divino de Dios. En ocasiones, Él usa esos retrasos divinos para modificar o hacer más específicas nuestras oraciones. Cuando la mujer sirofenicia, que era gentil, vino a Jesús (Mt. 15:21-28) para rogarle con insistencia que echara fuera el demonio de su hija, ella apeló a Jesús como Hijo de David. Sin embargo, las Escrituras nos dicen que "Jesús no le respondió palabra" (v. 23). El fundamento de su petición no era correcto desde el punto de vista

---

2. Andrew Murray, *With Christ in the School of Prayer* (reimpr., Old Tappan, N.J., Fleming H. Revell, 1975), p. 56.

bíblico, ya que Él era el Hijo de David para Israel, mas no para los gentiles. La mujer volvió a pedir clamando: "¡Señor, socórreme!". Y la respuesta de Jesús fue: "no está bien tomar el pan de los hijos, y echarlo a los perrillos" (Mt. 15:26). La mujer perseveró en su petición y la rectificó a la luz de lo que dijo Jesús: "sí, Señor; pero aun los perillos comen de las migajas que caen de la mesa de sus amos" (Mt. 15:27). El resultado de su perseverancia en una petición que fue modificada bíblicamente no solo fue la respuesta que buscaba, sino además un elogio a su gran fe (v. 28).

La experiencia de esta mujer con esta petición específica evidenció una gran fe en Dios, y derivó en una relación mucho más cercana con Él. Es mi deseo que podamos buscar asimismo a nuestro Salvador, con el poder que Dios nos da para obtener la respuesta a nuestras peticiones específicas, revestidos de humildad y basados en la Palabra de Dios. ¡Así glorificamos y exaltamos su nombre!

REFLEXIÓN Y APLICACIÓN

1. Piensa en la profundidad de la afirmación de Tozer: "La oración une a Dios y a la persona que ora en uno solo, y declara que Dios es omnipotente, y que la persona que ora es omnipotente (en principio)". ¿Obedece esta capacidad de interconectar con el Dios omnipotente al hecho de que el cristiano ore conforme a la voluntad de Dios por alguien o por una situación específica? ¿Nos permite este privilegio en la oración ser más conscientes de orar conforme a la voluntad de Dios, y liberarnos para buscar su rostro en todo momento? Desde ahora y hasta la semana siguiente, plantéate las anteriores preguntas y medita en la verdad expresada en la afirmación de Tozer.

2. La oración imprecisa no nos permite saber si hemos recibido o no lo que hemos pedido a Dios. Esa clase de oración puede minar nuestra fe. Por supuesto que a veces empezamos a orar por algo de manera difusa, pero si buscamos realmente la voluntad de Dios en oración, ¿acaso no rectificará Dios esa oración? Reflexiona en algunas oraciones de los últimos seis meses que fueron imprecisas. ¿Seguiste orando de esa manera, o Dios hizo la petición más específica? Es importante que evaluemos de vez en cuando nuestras oraciones pasadas, a fin de que podamos crecer en gracia, en conocimiento y en madurez en Cristo.

3. En ocasiones, un estilo de vida atareado puede robarnos el tiempo para simplemente sentarnos y estar quietos delante del Señor en oración y en el estudio de su Palabra. Si ese es tu caso, esto podría explicar las oraciones imprecisas y estancadas. ¿Qué otros factores pueden explicar que en tu vida haya oraciones imprecisas en lugar de oraciones definidas?

4. ¡La respuesta a la oración tarda como parte de la obra de Dios! Puede ser que la oración no se conforme a su voluntad en un momento particular, o que la oración no se base en el pasaje bíblico correcto, o puede ser que la demora ponga a prueba nuestra perseverancia y fe, o que la oración necesite algunos ajustes para que reconozcamos la respuesta cuando venga como fruto de nuestra fe creciente. Durante el mes siguiente, dedica quince minutos semanales a meditar en los retrasos que has experimentado en tus oraciones, y los resultados que has recibido. Da gracias a Dios por esos retrasos, y por lo que aprendiste gracias a ello.

EN TODO, MEDIANTE ORACIÓN

En años recientes, he notado que el pueblo de Dios en su conjunto, no solo ministros y misioneros, tiene la tendencia a volverse personas nerviosas y preocupadas. Pablo escribió a los filipenses y dijo: "Por nada estén afanosos… Y la paz de Dios, que sobrepasa todo entendimiento, guardará sus corazones y sus mentes en Cristo Jesús" (Fil. 4:6-7, NBLA).

Es natural que las personas tengan temores y preocupaciones por sus familias, por su seguridad y por su salud. Dios ha dicho que no sabemos qué traerá el mañana. La mayoría de estos temores se internalizan en lo que se denomina el subconsciente, en una preocupación subyacente. Es aquello con lo que sueñas, aquello que te preocupa cuando no sabes que estás preocupado.

Como es de esperarse, esto nos debilita, nos aterroriza, nos vuelve nerviosos, y tiende a robarnos el gozo. Entonces, ¿qué vamos a hacer al respecto? ¿Vamos a escuchar el culto de "no te preocupes" según el cual no hay nada en el mundo entero que debamos temer? Yo soy más sensato que eso. No voy a relajar mis nervios a costa de mi cabeza. Es decir, no voy a cometer suicidio intelectual y escuchar algún charlatán decirme que no hay nada de qué preocuparse en este mundo.

¿Cómo vamos a librarnos del temor cuando hay peligros legítimos que acechan a nuestro alrededor?

Esto es lo que dice el hombre de Dios: "Por nada estén afanosos; antes bien, en todo, mediante oración y súplica con acción de gracias, sean dadas a conocer sus peticiones delante de Dios. Y la paz de Dios, que sobrepasa todo entendimiento, guardará sus corazones y sus mentes en Cristo Jesús" (Fil. 4:6-7, NBLA).

> **La paz no viene al corazón cuando negamos que hay problemas, sino cuando entregamos los problemas a Dios.**

Alguien cuida de nosotros. La Biblia dice: "Él tiene cuidado de vosotros" (1 P. 5:7). Jesús nuestro Señor dice: "vuestro Padre sabe de qué cosas tenéis necesidad" (Mt. 6:8). Y Jesús dijo: "No se turbe vuestro corazón" (Jn. 14:1). Y recuerda también que el Señor fue afligido en todas nuestras aflicciones.

La Biblia describe a Dios como un Padre muy cuidadoso y tierno que se ocupa de los problemas de sus hijos. Él cuida de ellos, va delante de ellos, se interesa por ellos, y los guía siempre. Así puedes ver que el problema de la preocupación y la ansiedad se resuelve gracias a la certeza de que, a pesar de que existen realidades inquietantes, ¡no debes preocuparte cuando Alguien se ocupa de ti!

No obstante, permíteme ahora preguntar si estás dispuesto a dejar que Dios tome el mando. Recuerda que la paz no viene al corazón cuando negamos que hay problemas, sino cuando entregamos los problemas a Dios. Por la fe, tú tienes el derecho a recurrir a Aquel que es tu hermano, el Hijo del Hombre que también es el Hijo de Dios. Y si Él ha de cuidar de ti, ¿por qué preocuparte?

Sermón editado; fecha y lugar desconocidos.[1]

EXPLOREMOS CON TOZER

Este llamado a librarnos de sentimientos de ansiedad y más bien entregarnos a Dios, dando gracias en oración por todo lo que Él nos manda, aparece en un par de referencias adicionales de Tozer a Filipenses 4:6-7. Además de esta referencia breve de *The Tozer Pulpit*, hay un sermón suyo titulado "En todo, mediante oración"[2]. Este sermón es único, en el sentido de que expuso la mayoría de los reemplazos posibles para "en todo, mediante oración": "en todo, mediante dinero", "en todo, mediante prestigio social", "en todo, mediante publicidad", "en todo, mediante comités", "en todo, mediante métodos de negocios", "en todo, mediante educación", "en todo, mediante transigencias". Aunque todas estas opciones de reemplazo son deficientes a los ojos de Dios, los cristianos siguen echando mano de ellas.

Ninguna de las ocho opciones citadas agrada a Dios, y cada una, a su manera, añade estrés y ansiedad a la vida.

Todos hemos caído en algún momento de nuestro caminar cris-

---

1. A. W. Tozer, *The Tozer Pulpit*, *Volume One*, comp. Gerald B. Smith, Zur Ltd. Database © 2007 WORDsearch Corp. El título original era "How to Keep from Having a Nervous Breakdown". También se encuentra en A. W. Tozer, *Renewed Day by Day*, comp. Gerald B. Smith (Camp Hill, PA, Christian Publications, Inc., 1980), 9 nov.

2. A. W. Tozer, "In Everything by Prayer", *The Tozer Pulpit*, ed. James L. Snyder (Alachua, FL: Bridge-Logos, 2006), pp. 41-55.

tiano en la tentación de confiar en el dinero, el prestigio, la publicidad, los comités, los negocios, la educación y la transigencia, muy seguramente con la expectativa de obtener un éxito inmediato. En cambio, las Escrituras nos dicen que la solución a la ansiedad es "en todo, mediante oración y súplica con acción de gracias, sean dadas a conocer sus peticiones delante de Dios".

Los grandes líderes de Israel en la antigüedad lucharon con esta verdad. Recuerda que Moisés, en su frustración y enojo con el pueblo de Dios (Nm. 20), no habló a la roca como Dios le ordenó, sino que la golpeó. En efecto, Moisés obtuvo el resultado de proveer agua para el pueblo de Dios y los animales, pero no fue a la manera de Dios. Consiguió un éxito inmediato, pero la consecuencia final fue que no pudo entrar en la tierra prometida. Josué, un poderoso guerrero, estuvo de acuerdo con los israelitas, según la apariencia envejecida del vestuario y de la comida, en que los gabaonitas que pedían ayuda decían la verdad. Sin embargo, las Escrituras describen su revelador desacierto: "no consultaron a Jehová" (Jos. 9:14). En esa ocasión Josué, discípulo de Moisés, en vez de someter la decisión a oración, confió en las apariencias. Más adelante, encontramos a David en 2 Samuel 24 que, posiblemente motivado por el orgullo, ordenó un censo que se oponía al consejo de su comandante Joab. David no oró, y también en este caso hubo graves consecuencias.

En conclusión, Moisés, Josué y David fueron hombres piadosos que no hicieron todo en oración, y sufrieron las consecuencias. De modo que estamos en exclusiva compañía cuando elegimos tomar decisiones no mediante oración, sino en nuestra propia opinión o fuerza. Cuando tomamos decisiones sin acudir a Dios antes que a todo lo demás, podemos estar seguros de que habrá consecuencias, y las más perjudiciales deterioran nuestra fe, nuestra obediencia futura, nuestra relación con nuestro Salvador y Señor, y desacreditan el nombre y la gloria de nuestro Dios delante de los creyentes y de los incrédulos. Seamos diligentes en acudir "en todo, en oración".

REFLEXIÓN Y APLICACIÓN

1. El mandamiento de las Escrituras es claro: "Por nada estén afanosos; antes bien, en todo, mediante oración…" (NBLA). ¿Hay ansiedades y temores en nuestra vida, conscientes e inconscientes, porque en vez de poner todo en oración hemos confiado en otras opciones de la carne para garantizar un resultado inmediato o satisfactorio? A veces, las personas empiezan orando, pero cuando Dios tarda en responder o responde de manera contraria a sus deseos, se ponen ansiosos y temerosos, y buscan otras formas de manipular una solución carnal. ¿Cómo podemos evitar responder a la ansiedad y al temor sin oración? ¿Quizá un consejero sería de ayuda? ¿O una fe más firme en Cristo? La próxima vez que experimentes ansiedad o temor, ora inmediatamente y encuentra un pasaje de las Escrituras para respaldar tu petición.

2. Tozer señala que "la paz no viene al corazón cuando negamos que hay problemas, sino cuando entregamos los problemas a Dios". Este es un proceso que ocurre en dos etapas: (1) Reconoce que hay un problema o dificultad que solo Dios puede manejar (tenemos la tendencia a clasificar estos problemas en dos categorías: aquellos que podemos solucionar por nuestra cuenta, y aquellos que solo Dios debería manejar). (2) Entrega el problema o la dificultad a Dios, porque Él

tiene cuidado de nosotros. Nuestra tendencia es entregar a Dios nuestro problema y, tan pronto experimentamos estrés, volvemos a tomarlo de nuevo. De ahí que pueda ser necesario entregarlo a Dios una y otra vez. Con el tiempo, nuestra fe crecerá y no tendremos que entregar nuestro problema a Dios con tanta frecuencia. ¿Qué problema le has entregado últimamente? ¿Volviste a tomarlo y tuviste que volver a entregárselo? Evalúa con sinceridad tu disposición a entregar tus cargas al Señor durante las dos últimas semanas.

3. La preocupación o la ansiedad "nos debilita, nos aterroriza, nos vuelve nerviosos, y tiende a robarnos el gozo". ¿Recuerdas algún momento o suceso específico en el que la preocupación te robó el gozo? ¿Cuál fue la esencia de tu oración durante esos momentos o sucesos? Es evidente que las personas, las circunstancias y las cosas pueden también robarnos el gozo. ¿cómo deberíamos responder a estos ladrones de gozo? ¿Acaso no es "en todo, mediante oración"? Debemos cuidarnos de permitir que la ansiedad también nos estorbe o nos impida orar conforme a la voluntad de Dios. ¿Qué pasos necesitas dar para evitar que te roben tu gozo en el Señor en el futuro o, más específicamente, la próxima semana?

4. "La Biblia describe a Dios como un Padre muy cuidadoso y tierno que se ocupa de los problemas de sus hijos. Él cuida de ellos… y los guía siempre. Así puedes ver que el problema de la preocupación y la ansiedad se resuelve gracias a la certeza de que, a pesar de que existen realidades inquietantes, ¡no debes preocuparte cuando Alguien se ocupa de ti!". Por consiguiente, nuestra preocupación desacredita el carácter de Dios. Por ejemplo, resistimos la soberanía de Dios, duda-

mos de su omnipotencia y amor, y no estamos dispuestos a descansar en sus misericordias y en su fidelidad de cada día. Sin duda alguna, la preocupación es un pecado que debe ser confesado. El Espíritu, y nuestra dependencia de las Escrituras, nos darán una idea imponente de Dios. Ora (sí, en todo, mediante oración, una vez más), para que Dios te permita detectar la preocupación en tu vida.

25

JESÚS VIVE PARA INTERCEDER POR NOSOTROS

A riesgo de repetir un cliché religioso, debo señalar que la voluntad de Dios es siempre lo mejor, sean cuales sean las circunstancias. Jesús se negó a recibir una corona y, en cambio, se propuso tomar la cruz, porque la cruz hacía parte de la voluntad de Dios, tanto para Él como para la humanidad.

De igual manera, no temamos tomar nuestra cruz y confiar en que Dios proveerá la corona a su tiempo. ¿Por qué tantas personas en nuestros días tratan de evitar la cruz en su vida espiritual, cuando es ella la que conduce a la corona?

Nuestro Señor aceptó la voluntad de Dios. Él rechazó la corona que Israel quiso darle y, en cambio, tomó la cruz que le dieron los romanos. Al tercer día se levantó de los muertos. Cuarenta días después, ascendió a la diestra de su Padre, a la vista de sus discípulos. ¡Allí está Él hoy!

En Juan 6, ¿qué hizo Jesús cuando fue solo al monte (v. 15)? Oró.

Jesús, el Hombre de oración por excelencia, y por encima de todos los hombres que oran, hablaba con su Padre celestial. Hablaba con Él acerca del puñado de discípulos que acababa de despedir, y acerca de los cinco mil que acababa de alimentar y que en su ignorancia querían coronarlo rey.

Según los cálculos humanos de la multitud, Jesús traería una revolución que liberaría a Israel, como en los días de Gedeón y los grandes jueces y profetas del Antiguo Testamento. Pero Jesús conocía bien a estas personas. Él sabía que lo peor que podía hacer era ponerse una corona y llevar a esa multitud carnal a un reinado terrenal.

> **La voluntad de Dios es siempre lo mejor, sean cuales sean las circunstancias.**

De hecho, habrían hecho falta muchos cambios en ellos antes de poder convertirse en hijos e hijas de un reino terrenal. De modo que Él oraba por aquellos que vivían en ignorancia y confusión, pidiendo al Padre celestial por sus ovejas. *¡Y eso es exactamente lo que hace en este momento!* Jesús está en el cielo, orando por su pueblo. No quiero decir que nuestro Señor esté continuamente de rodillas allá en la tierra gloriosa, pero sí que está en comunión constante con el Padre. "Por lo cual puede también salvar perpetuamente a los que por Él se acercan a Dios, viviendo siempre para interceder por ellos" (He. 7:25).

Sermón editado, Southwest Alliance Church. Chicago: sin fecha.[1]

---

1. A. W. Tozer, *Fe más allá de la razón* (Grand Rapids, MI: Portavoz, 2013), pp. 118-119. Este sermón apareció originalmente como "La voluntad de Dios es siempre lo mejor", en el capítulo titulado "La iglesia se halla en un mar tormentoso".

EXPLOREMOS CON TOZER

Tozer menciona, en dos ocasiones, un "siempre". Primero, como demostró Jesús con su ejemplo, Él siempre quiso la voluntad del Padre en su vida. Su deseo de hacer su voluntad quedó expresado en su oración del huerto de Getsemaní, cuando dijo: "Abba, Padre, todas las cosas son posibles para ti; aparta de mí esta copa; mas no lo que yo quiero, sino lo que tú" (Mr. 14:36).

Hay dos aspectos de esta oración en particular. Uno es que la copa no iba a ser apartada de Él o, dicho sin rodeos, esa oración no iba a ser contestada. La siguiente parte de su oración es una oración de sometimiento a la voluntad de Dios, la cual sí sería respondida.

En esencia, Jesús soportó la negativa a su petición, a fin de que nuestras oraciones puedan recibir respuesta hoy y mañana. En otras palabras, el hecho de que Jesús se sometió a la voluntad de Dios, que era lo mejor, hace posible que recibamos lo mejor para nosotros. ¡Alabado sea Dios por la sabiduría de su voluntad!

La voluntad de Dios es siempre lo mejor para nosotros hoy, tal como lo fue para Jesús. Sin embargo, muchos creyentes no conocen su voluntad tal como fue revelada en las Escrituras, y puede que desconozcan el consejo bíblico recibido, o resientan lo que perciben como restricciones bíblicas para su vida. Por supuesto que tales respuestas son características de vidas que están enredadas en pecado o son inmaduras en Cristo. La gran desventaja es que estos individuos carecen de fundamento para orar, y no consideran que la voluntad de Dios sea lo mejor para sus vidas.

El siguiente "siempre", se refiere a que Jesús vive "siempre para interceder" (He. 7:25) por nosotros. Jesús sigue orando por sus ovejas, tal como lo hizo cuando estaba sobre la tierra. ¿Qué pide Él por nosotros desde el cielo? Con toda seguridad, hay aspectos generales y otros específicos de sus oraciones. Por ejemplo, Él ora para que seamos santos, no felices: "sed también vosotros santos en toda vuestra manera de vivir; porque escrito está: Sed santos, porque yo soy santo" (1 P. 1:15-16). Él ora para que no nos conformemos a este siglo, sino que seamos transformados por medio de la renovación de nuestro entendimiento, para que comprobemos cuál sea la buena voluntad de Dios, agradable y perfecta (Ro. 12:2). Sin esta renovación constante de la mente, el creyente no puede conocer la voluntad de Dios. Las palabras de Jesús en Juan 15 revelan aún más sus oraciones de intercesión por nosotros. Él ora para que permanezcamos en Él, que llevemos fruto, más fruto, y fruto que permanezca, y que nos amemos los unos a los otros. Asimismo, en su oración sacerdotal de Juan 17, sabemos que Jesús ora al Padre para que seamos guardados del maligno, para que nos santifiquemos en la verdad, vivamos en unidad en Cristo, y demostremos un amor genuino por el Padre y el Hijo que sea evidente a los ojos del mundo. Esta lista de peticiones generales que hace a favor nuestro es muy larga.

No obstante, sabemos que Él también ora por nosotros de manera específica. En Lucas 22:31-32 encontramos la oración de Jesús por Pedro: "Simón, Simón, he aquí Satanás os ha pedido para zarandearos como a trigo; pero yo he rogado por ti, que tu fe no falte; y tú, una vez vuelto, confirma a tus hermanos".

En su omnisciencia, Jesús sabía que Pedro iba a fallar, y ese tipo de falta puede apartar a un creyente e incluso desviarlo en su caminar con Cristo. La oración específica de Jesús fue (1) que la fe de Pedro no fallara, (2) que Pedro volviera al Señor, y (3) que él animara a sus hermanos en la fe. Todas las peticiones de Jesús fueron respondidas (ver el capítulo entero sobre esta oración[2]). El carácter específico de esta oración debe ser un motivo de aliento para todos los creyentes, puesto que todos fallamos, cometemos errores, experimentamos algunas pruebas demoledoras, e incluso triunfos que pueden destruirnos fácilmente. Jesús está "viviendo siempre para interceder" por nosotros. ¡Anímate con estas palabras!

REFLEXIÓN Y APLICACIÓN

1. "La voluntad de Dios es siempre lo mejor, sean cuales sean las circunstancias". Tal como demostró nuestro Señor y Salvador, esto significa, por lo general, la cruz primero, seguida de la corona en el tiempo de Dios. ¿Por qué tantos cristianos continúan tratando de evitar la cruz en su camino a la corona? ¿Afecta este atajo nuestra vida de oración? Dedica un día de la próxima semana a pedir a Dios que te muestre cómo has intentado eludir la cruz específica que Dios tiene para ti. Si no hay respuesta, inténtalo de nuevo la semana siguiente. Si esa clase de atajos son evidentes en tu caminar, confiésalos, acepta la limpieza de Dios, y pídele que te llene de su Espíritu para emprender un nuevo comienzo.

2. "Él oraba por aquellos que vivían en ignorancia y confusión, pidiendo al Padre celestial por sus ovejas. ¡Y eso es exactamente lo que hace en este momento!". Sin importar cuál sea el dolor, el caos, la frustración, el estancamiento, el fracaso, el desvío, la pérdida, o la prueba presentes o pasadas, Él lo sabe todo. Él ora por nosotros a fin de que nuestra respuesta

---

2. W. L. Seaver, *A Mosaic of Faith* (Camp Hill, PA: WingSpread Publishers, 2012), pp. 217-238.

sea tal que glorifiquemos a Dios y otros lleguen a Cristo. Reflexiona en algunas experiencias pasadas difíciles en las que has sentido que Dios estaba distante. Aplica a esa experiencia la verdad de que Él está siempre orando por nosotros. Usa esta verdad de su oración constante por nosotros para experimentar la libertad que trae descansar en su voluntad.

3. A propósito de la oración constante de Jesús por nosotros, las Escrituras nos dicen que Él ora en áreas específicas. Primero, *Él quiere que nuestra fe no falle*, sin importar cuál sea la prueba o la tormenta que enfrentemos. Segundo, Él sabe en su omnisciencia que, aunque estas tormentas pueden hacernos naufragar y desviar, también pueden purificar nuestra fe. Así pues, *Él quiere que consideremos nuestras pruebas como algo que Dios permite para nuestro bien.* Tercero, *Él quiere que estas tormentas o pruebas fortalezcan nuestra fe y sirvan de inspiración para nuestros hermanos y hermanas en Cristo.* Reflexiona en algunas tormentas o pruebas difíciles de tu vida que ocurrieron el año pasado, y pregúntate si tu fe se fortaleció y si la experiencia te lanzó a un ministerio más fructífero en la vida de otros. Si tu respuesta fue mediocre, pide a Dios la gracia y la fortaleza para responder de una manera bíblica la próxima vez. Si tu respuesta fue correcta, pregunta a Dios cómo pudiste haber respondido mejor.

PREPARACIÓN POR MEDIO DE LA ORACIÓN: PARTE 1

Entonces Jesús les dijo: Todos vosotros os escandalizaréis de mí esta noche; porque escrito está: Heriré al pastor, y las ovejas del rebaño serán dispersadas. Pero después que haya resucitado, iré delante de vosotros a Galilea. Respondiendo Pedro, le dijo: Aunque todos se escandalicen de ti, yo nunca me escandalizaré. Jesús le dijo: De cierto te digo que esta noche, antes que el gallo cante, me negarás tres veces. Pedro le dijo: Aunque me sea necesario morir contigo, no te negaré. Y todos los discípulos dijeron lo mismo. Entonces llegó Jesús con ellos a un lugar que se llama Getsemaní, y dijo a sus discípulos: Sentaos aquí, entre tanto que voy allí y oro. Y tomando a Pedro, y a los dos hijos de Zebedeo, comenzó a entristecerse y a angustiarse en gran manera. Entonces Jesús les dijo: Mi alma está muy triste, hasta la muerte; quedaos aquí, y velad conmigo. Yendo un poco adelante, se postró sobre su rostro, orando y diciendo: Padre mío, si es posible, pase de mí esta copa; pero no sea como yo quiero, sino como tú. Vino luego a sus discípulos, y los halló durmiendo, y dijo a Pedro: ¿Así que no habéis podido velar conmigo una hora? Velad y orad, para que no entréis en tentación; el espíritu a la verdad está dispuesto, pero la carne es débil (Mt. 26:31-41).

El texto que precede y que sigue a Mateo 26:41, "Velad y orad, para que no entréis en tentación; el espíritu a la verdad está dispuesto, pero la carne es débil", registra el suceso más determinante de la historia del mundo. No cabe la menor duda de que este acontecimiento reviste y encierra un significado histórico insuperable, un mayor peso de aflicción humana que cualquier otro u otros en toda la historia de la humanidad.

El Señor Jesucristo, el Redentor de todos los hombres, estaba a punto de ser traicionado a manos de pecadores. Estaba a punto de ofrecer su alma santa, de recibir sobre su alma toda la carga de inmundicia moral y putrefacción de toda la raza humana, de llevarla al madero y de soportar allí una muerte atroz y sangrienta.

Hubo alguien presente, el más interesado y dispuesto, el que previó esta crisis y se preparó para enfrentarla. Este, por supuesto, era Jesús, y Él se dispuso para ello por medio de la preparación más eficaz que se conoce en el cielo o en la tierra, y que se ha llamado la oración en el huerto de Getsemaní. No sintamos lástima de nuestro Señor, como tienden algunos. Démosle gracias porque Él vio esa crisis primero, y acudió al lugar de poder y a la fuente de energía, y se alistó para ese suceso.

Gracias a esto, Él enfrentó con éxito la crisis universal. Digo "crisis universal" porque se extendía más allá de este mundo. Se extendía más allá de la raza humana. Incluía el cosmos entero, el universo entero, porque el Señor estaba muriendo para que todas las cosas pudieran estar unidas en Él, y los cielos, así como la tierra, pudieran ser limpiados, y para poder establecer unos nuevos cielos y una nueva tierra que jamás pasarán.

Todo esto descansaba sobre los hombros del Hijo de Dios aquella noche en el huerto, y Él se preparó para esto de la manera más eficaz que se conoce bajo el sol, y es acudir a Dios en oración. A diferencia de Él, vemos que a sus discípulos la crisis les tomó completamente por sorpresa. En parte, porque no sabían; en parte, porque no les importó. En parte, porque eran muy poco espirituales para interesarse en ello y, en parte, porque tenían sueño. Así que, desprovistos de interés y de oración, y dominados por el sueño, se dejaron arrastrar por el tiempo a una crisis tan crucial, tan portentosa, que nada parecido ha sucedido jamás ni volverá a suceder en el mundo. Como resultado de su incapacidad para preverlo, uno traicionó a nuestro Señor, uno negó a nuestro Señor, y todos abandonaron a nuestro Señor, huyendo.

Cristo ofreció a aquellos discípulos entonces, y a los discípulos de hoy, estas palabras como un diamante en medio de un gran anillo: "Velad y orad, para que no entréis en tentación; el espíritu a la verdad está dispuesto, pero la carne es débil". Quiero que sepas que esta oración que hizo Jesús esa noche en el huerto fue una oración de preparación. Es decir, Él oró a la espera de un suceso que previó sucedería conforme a la voluntad de Dios, y se preparó para enfrentar ese momento. Algo que quiero subrayar y dejar en tu consciencia es la importancia de practicar la oración como preparación, porque las batallas se pierden antes de ser peleadas.

Puedes escribir esto en tu memoria, y la historia del mundo y las biografías lo corroboran: las batallas siempre se pierden antes de pelearse. Fue cierto y es cierto en las naciones a lo largo de la historia, y fue cierto en el caso de Israel.

En los tiempos del Antiguo Testamento, verás que, cuando Israel vivía en rectitud y oraba, nunca perdió una batalla. En cambio, cuando se llenaba de iniquidad y dejaba de orar, nunca ganó una batalla. Los israelitas perdieron siempre la batalla cuando adoraron el becerro de oro, cuando se sentaron a comer, beber y jugar, y se casaron con otras naciones, cuando abandonaron el altar de Jehová y levantaron un altar pagano debajo de cualquier árbol. Fue entonces que Israel perdió la batalla. Fue entonces que se dispuso a perder la batalla aun antes de pelearla.

> **No solo se pierden las batallas antes de ser peleadas, sino que también pueden ser ganadas antes de pelearlas.**

Lo mismo es cierto de los discípulos aquí en Getsemaní. Ellos no perdieron la mañana cuando uno de ellos maldijo y negó ser un discípulo. Incluso cuando Juan, quien amaba a Jesús, lo abandonó y huyó con los demás discípulos y se perdieron en medio de la noche, no fue entonces que vino el colapso. El colapso había empezado la noche anterior cuando, cansados y adormecidos, [tres de los discípulos] se acostaron y durmieron, en lugar de escuchar la voz de su Salvador y permanecer despiertos para orar. Si hubieran permanecido despiertos y hubieran orado juntamente con Él, y hubieran oído sus gemidos, y hubieran visto su sudor de sangre, quizás esto habría cambiado la historia del mundo. Sin duda alguna, habría cambiado la historia de ellos.

No solo se pierden las batallas antes de ser peleadas, sino que también pueden ser ganadas antes de pelearlas. Mira por ejemplo la historia de David y Goliat. Todos la conocen, se la contamos a los niños y los artistas la pintan, y tiene un lugar en las ideas y en la literatura universal. Es el relato de cómo el joven David, de mejillas sonrosadas, salió y mató al gigante poderoso de casi tres metros que rugía e intimidaba con una espada que era como rodillo de telar. Con todo y lo pequeño y joven que era David, salió y con una piedra derribó al gigante, y con esa misma espada que apenas podía levantar, le cortó la cabeza. Luego la tomó del cabello y la exhibió delante del pueblo de Israel que aclamó victorioso. ¿Cuándo ganó David esa batalla? ¿Cuándo ganó esa pelea? ¿Acaso fue cuando salió al encuentro del gigante arrogante? ¡No!

Si alguien lo hubiera intentado de esa manera, las palabras de Goliat se habrían cumplido. Él dijo: "daré tu carne a las aves del cielo". Y bajo otras circunstancias, habría hecho exactamente eso, pero David era un joven que conocía a Dios, y él había matado al león y al oso para proteger a las ovejas como un encargo directo del Todopoderoso. Él había orado y meditado, y había contemplado las estrellas en la noche mientras hablaba con Dios, y había aprendido que cuando Dios envía a un hombre, ese hombre puede vencer cualquier enemigo, sin importar cuán fuerte sea. De modo que no fue esa mañana en el valle, allí entre dos colinas, que David ganó. Fue a todo lo largo de sus años desde la niñez, cuando su madre le enseñó a orar y él aprendió a conocer a Dios por sí mismo.

También vemos a Jacob, quien después de veinte años se preparó para salir al encuentro de su hermano enojado que había amenazado con matarlo. Él nunca había vuelto a ver a Esaú, desde que había escapado para que no lo matara. Y ahora Jacob regresaba. El Señor le reveló que, al día siguiente, los hermanos se encontrarían en el valle más allá del arroyo de Jaboc. En efecto, al día siguiente se encontraron en el valle, y se arrojaron en los brazos del otro, y Esaú perdonó a Jacob, y Jacob venció la ira de su hermano y su intención de asesinarlo. ¿Cuándo lo logró Jacob? ¿Acaso lo logró aquella mañana cuando salió al encuentro de su hermano y cruzó el río? ¡No! Lo logró la noche anterior, cuando batalló a solas con su Dios. Fue allí donde se preparó para vencer a Esaú, el hombre malhumorado, serio y peludo de la montaña que había juramentado asesinar a Jacob tan pronto lo encontrara.

¿Cómo podía él cancelar ese juramento? ¿Cómo podía anular el solemne juramento que había hecho según la costumbre de oriente? El Dios Todopoderoso lo sacó de su corazón cuando Jacob luchó a solas junto al río. Siempre es así. Y Jacob venció a Esaú la víspera, no cuando se encontraron, sino la noche antes del encuentro.

Así fue con Elías. Elías venció a Acab y a Jezabel y a todos los profetas de Baal, y trajo la victoria y el avivamiento a Israel (1 R. 18). ¿Cuándo lo hizo? ¿Lo hizo ese día sobre el monte Carmelo? Después que los profetas de Baal habían pasado el día entero orando, saltando sobre el altar y cortándose hasta quedar ensangrentados, Elías llegó a las seis de la tarde, que era la hora del sacrificio vespertino. Elías subió y elevó una breve oración. ¿Fue una oración que le ocupó veinte minutos, como a veces hacemos en la reunión de oración, impidiendo que otros participen? ¿Fue una oración larga y elocuente? No, fue una oración concisa de exactamente cincuenta y nueve palabras en español (supongo que son menos en hebreo). Esa fue la oración. ¿Fue esa oración la que hizo descender fuego? Sí y no. Sí, porque a menos que hubiera elevado esa oración, el fuego no habría descendido. No, porque si Elías no hubiera conocido a Dios a todo lo largo de esos años y no hubiera estado en la presencia de Dios durante los largos días, meses y años que precedieron el suceso del monte Carmelo, esa oración se habría hundido por su propio peso y aquellos hombres habrían hecho pedazos al profeta.

De modo que no fue en el monte Carmelo que Baal fue vencido, sino en el monte de Galaad. Recuerda que fue desde allí que Elías vino. Ese hombre corpulento, greñudo y peludo, vestido con un simple y rústico atuendo de campesino, descendió, con paso firme y la mirada fija, y sin rendir pleitesías, sin medir en absoluto sus palabras, y sin protocolos de comportamiento cortesano. Caminó erguido, oliendo a montaña y a campo, y se paró delante del cobarde Acab, a quien dominaba su mujer, y le dijo: "Yo soy Elías. Estoy en presencia de Jehová, y solo vine a decirte que no habrá lluvia hasta que yo diga. Adiós".

Ese fue un momento impresionante, un momento escalofriante, un momento asombroso. Pero antes de eso, hubo años, largos años de estar en la presencia de Jehová. Elías no sabía que lo iban a enviar a la corte del rey Acab, pero lo había previsto mediante largas oraciones, esperas, y meditaciones en la presencia de su Dios.

Sermón editado, predicado el 9 de junio de
1957, en Southwest Alliance Church, Chicago.

REFLEXIÓN Y APLICACIÓN

1. Los discípulos enfrentaron la crisis en el huerto de Getsemaní sin ninguna preparación. "En parte, porque no sabían; en parte, porque no les importó. En parte, porque eran muy poco espirituales para interesarse en ello y, en parte, porque tenían sueño". ¿Acaso no hacemos hoy lo mismo, una y otra vez? Nuestra falta de previsión puede deberse a un conocimiento práctico insuficiente de las Escrituras, al descuido de la aplicación de la verdad, a un discernimiento deficiente, a las presiones del mundo, a los impulsos de la carne. Evalúa con sinceridad algunas crisis que experimentaste el año pasado. Si erraste en la crisis, ¿cuáles fueron las causas de los tropiezos? Si saliste airoso de la crisis, ¿cuáles fueron las causas del éxito? ¿Qué aprendiste acerca de la oración a raíz del fracaso o del éxito en la crisis?

2. "Él (Jesús) oró a la espera de un suceso que previó sucedería conforme a la voluntad de Dios, y se preparó para enfrentar ese momento. Algo que quiero subrayar y dejar en tu consciencia es la importancia de practicar la oración como preparación, porque las batallas se pierden antes de ser peleadas". ¿Cómo podemos cultivar a diario la práctica de la oración de preparación?

3. "El colapso [de los discípulos] había empezado la noche anterior cuando, cansados y adormecidos, [tres de los discípulos] se acostaron y durmieron, en lugar de escuchar la voz de su Salvador y permanecer despiertos para orar". El cansancio, el sueño, la falta de oración, la desilusión, y la debilidad en las disciplinas espirituales minan nuestra vida de oración, y especialmente nuestra oración de preparación o previsión. En el poder del Espíritu Santo, reflexiona acerca de qué cosas han minado tu oración en los últimos treinta días, como recomienda Tozer. Arrepiéntete y pide a Dios que te ayude, a partir de hoy, a avivar tu vida de oración.

4. David enfrentó una crisis gigante (Goliat), Jacob enfrentó una crisis familiar, y Elías enfrentó una crisis nacional de adoración a Baal. Es parte de la vida que enfrentemos crisis personales, familiares y nacionales. En los últimos años, ¿cuál ha sido tu respuesta frente a esas crisis? En el contexto de una congregación de creyentes, ¿aprendes de las crisis de otros? A partir de ahora, ¿cómo enfrentarás las crisis venideras? Responde de manera específica.

PREPARACIÓN POR MEDIO DE LA ORACIÓN: PARTE 2

Las crisis nos esperan tarde o temprano, incluso como las que enfrentaron Jesús y sus discípulos, David e Israel, Elías y los demás. Las crisis nos esperan, y quiero nombrar algunas de ellas brevemente.

La primera crisis es *una dificultad aguda*. La historia de la raza humana nos muestra que esto acontece a todos en algún momento. Cuando nos sobreviene una dificultad aguda, con su punzada terrible y debilitante, algunos cristianos la enfrentan desprevenidos. Y como es de esperarse, se derrumban.

Sin embargo, ¿es la dificultad lo que produce el colapso? Sí y no. Es la dificultad la que produce el colapso en el sentido de que la persona no se habría derrumbado sin ella. Por otro lado, no es la dificultad lo que causa el colapso, porque si la hubieran previsto y se hubieran preparado para enfrentarla, no se habrían derrumbado. Como dice el proverbio: "Si eres débil en día de angustia, tu fuerza es limitada" (Pr. 24:10, NBLA). Y su fuerza es limitada porque sus oraciones son escasas, y pobres. En cambio, el hombre cuyas oraciones son abundantes y fuertes no se derrumbará cuando sobrevenga la dificultad.

Una segunda crisis es *la tentación*, la tentación que viene de improviso y es sutil, y que resulta demasiado inesperada y sutil para la carne. Sin embargo, la oración de preparación dispone el alma para cualquier tentación que pueda presentarse. ¿Fue el día que David se paseaba por la terraza que cayó en aquella tentación trágica y vergonzosa? ¡No! Fue el prolongado intervalo que los historiadores señalan que hubo entre sucesos, y no saben qué estaba haciendo David en ese momento. Yo sé por lo menos una cosa que David no estaba haciendo: no estaba esperando en su Dios. No estaba contemplando las estrellas diciendo: "Los cielos proclaman la gloria de Dios". Esto hizo antes, pero hubo un tiempo en el que no lo estaba haciendo. Así fue como cayó David, porque el peso de aquellas semanas de ocio se le vino encima. La tentación no puede hacerte daño si te has preparado de antemano en oración, pero si te toma desprevenido, será inevitable que te derribe.

> La tentación no puede hacerte daño si te has preparado de antemano en oración.

Una tercera crisis son *los ataques de Satanás*. Rara vez es posible prever los ataques de Satanás, porque él es demasiado astuto e impredecible. Si Satanás tuviera un modelo de ataque establecido, no tardaríamos en detectarlo. Si el diablo usara siempre las mismas tácticas de ataque, la raza humana lo habría descubierto hace ya mucho tiempo, y hasta el feligrés más humilde habría sabido cómo evitarlo. Pero dado que él no es uniforme sino extremadamente irregular y confuso, resulta mortífero si no tenemos el escudo de la fe para protegernos.

Por ejemplo, veamos lo que sucede con un lanzador de béisbol. Él no empieza a lanzar en la primera entrada para luego lanzar la misma pelota en el mismo lugar a lo largo de las nueve entradas. Si hiciera eso, el resultado sería 128 a 0. ¿Qué hace? Mezcla los lanzamientos. El bateador nunca sabe por dónde va a lanzar la pelota. Primero por arriba, luego por abajo, luego hacia dentro, luego hacia fuera, luego rápido, luego por el centro, y combina las posibilidades. Es la falta de uniformidad lo que hace eficaz al lanzador. ¿Piensas que el diablo no es tan hábil como el mejor lanzador de grandes ligas?

¿Piensas que el diablo no sabe que la mejor manera de vencer a un cristiano es engañarlo con tácticas impredecibles? Nunca ataca dos veces de la misma manera el mismo día.

En un instante ataca por un lado, luego por otro, como un boxeador. ¿Crees que ese boxeador entra en combate y se vuelve predecible? Se dirige a la izquierda, golpea con la derecha, retrocede dos pasos, avanza otros dos. ¡Cualquier incompetente puede ganar a un boxeador como ese! Más bien el boxeador tiene que usar su cabeza. Primero ataca por un lado, luego por el otro, luego avanza, luego retrocede, trota en reversa, arremete, y vuelve a atacar por la izquierda, luego la derecha, luego amaga, esquiva, se agacha, zigzaguea, se balancea. El diablo no siempre ataca por el mismo lado. Hoy te llegará como un toro salvaje de Beijing, y mañana será tan manso como Ferdinando el toro. Y el día siguiente te dejará tranquilo. Y luego peleará contra ti tres días seguidos, para luego dejarte en paz tres semanas.

¿Recuerdas qué dice la Palabra después que Jesús fuera tentado tres veces? Que Satanás se apartó de él por un tiempo. ¿Por qué?

La intención era obviamente que el Señor bajara la guardia. De modo que el diablo pelea como un boxeador. Tiene una estrategia. Por eso es muy difícil de prever sus ataques. No sabes qué va a hacer después, pero siempre puedes prepararte. Siempre puedes contar con que el diablo está al acecho. Y por eso, si oras y velas y esperas en Dios, puedes estar listo para enfrentarlo. Y cuando aparece, ¡puedes vencer! No el día que aparece, sino el día antes de que aparezca. No al mediodía cuando viene a atacarte, sino antes del mediodía.

Hermanos míos, la única forma de vencer sistemáticamente es tener siempre la sangre en los dinteles, la nube y el fuego encima de tu cabeza, la armadura bien puesta, y nunca permitir que te agarre desprevenido. Nunca te levantes en la mañana para mirar el reloj y decir "voy a perder mi tren", y salir corriendo. Si tienes que salir corriendo, lleva contigo un Nuevo Testamento. En vez de leer el diario local o nacional, lee tu Nuevo Testamento de camino al trabajo, y luego inclina tu cabeza y habla con Dios. ¡Alístate para la batalla! En vez de saltar tu oración, ora en algún momento de la mañana.

Mi recomendación es nunca dejar que el día te arrastre y los ataques te tomen por sorpresa. Nunca dejes que el jueves te inquiete porque no oraste el miércoles. Nunca dejes que el martes te desanime porque saltaste tu oración del lunes. Nunca dejes que las 3 de la tarde te derriben porque no oraste a las 7 de la mañana. Asegúrate de orar sin falta.

En conclusión, tengo cuatro recomendaciones. Primero, nunca vivas como si todo estuviera bien. Ahora, si el diablo te deja en paz por un tiempo y quedas libre de grandes dificultades, experimentas cierta felicidad y plenitud espiritual, es posible que digas: "Todo va muy bien, qué maravilla". Y entonces puede que descuides tu vida de oración y dejes de velar y orar. Recuerda, en tanto que haya pecado, diablo, enfermedad y muerte por toda la tierra como un virus, como una enfermedad contagiosa, las cosas no están bien. No vivimos en un mundo sano que favorezca la salud espiritual. Este mundo vil no es amigo de la gracia como para conducirnos a Dios. Todo lo contrario. Así que, en vez de dar por hecho que las cosas están bien, da por sentado que siempre están mal, y entonces prepárate para enfrentarlas y para preverlas de donde sea que surjan.

La segunda recomendación es que nunca confíes en el diablo ni digas que todo está bien. Así como no puedes confiar en un comunista, no puedes confiar en el diablo. Nunca imagines que te sonríe. Nunca mires un retrato suyo dibujado por Doré o por alguien más, y digas: "Vaya, no se ve tan malo. Tal vez se parezca más a un Papá Noel o el Padre Invierno. Es un personaje imaginario". Nunca confíes en el diablo. Debes prever siempre cualquier ataque posible velando y orando en el Espíritu. Aunque la carne está dispuesta, es terriblemente débil.

> **Nunca subestimes el poder de la oración.**

La tercera es que nunca confíes demasiado en ti mismo, por la misma razón por la que el Señor dijo "la carne es débil". ¡Nunca te vuelvas demasiado confiado! Muchos hombres han perdido una batalla por su actitud de autosuficiencia. Muchos hombres de negocios han perdido un negocio por ser arrogantes.

Y la cuarta, nunca subestimes el poder de la oración. "Velad y orad", dijo Jesús, y no era poesía. "Velad y orad", dijo Jesús, y Él lo puso en práctica y venció, porque de hecho fue exactamente lo que hizo. Él atrapó el mundo desorbitado por el pecado y en su red de amor lo recuperó y lo redimió por medio del derramamiento de su propia sangre. Lo hizo, digo yo, porque se preparó para ese horrible momento y ese glorioso suceso por medio de la oración la noche anterior, y por medio de la oración en los montes en otras instancias, y por medio de la oración a lo largo de los años desde su niñez. Nunca subestimes el poder de la oración. Recuerda que sin ella no puedes vencer, y con ella no puedes perder, claro, si se da por sentado que se trata de oración verdadera y no meras palabras, y que tu vida está en armonía con tu oración. Si oras, no puedes perder, y si dejas de orar, no puedes ganar.

El Señor nos dio ejemplo de preparación en oración. Para cada suceso, Él se preparó buscando el rostro de Dios en oración y velando en horarios habituales. Practica la oración de preparación. Y sin importar lo que suceda, como Jesucristo nuestro Señor, como Daniel, Elías y los demás, puedes ir de triunfo en triunfo, porque la oración siempre vence.

Sermón editado, predicado el 9 de junio de
1957, en Southwest Alliance Church, Chicago.

REFLEXIÓN Y APLICACIÓN

1. Las dificultades agudas, las tentaciones y los ataques de Satanás representan, en tres amplias categorías, siete combinaciones posibles de crisis: todas simultáneamente, cada una en momentos diferentes, o tres pares de crisis. Además, si consideramos todos los tipos de dificultades agudas, tentaciones y ataques satánicos, no hay manera como en nuestra carne podamos estar preparados para la variedad e irregularidad de crisis que podemos enfrentar. Es imperativo que nos

preparemos cada día por medio de la oración. Reflexiona en la semana o mes pasados y define cuáles dificultades agudas, tentaciones o ataques satánicos enfrentaste. ¿Reconociste o discerniste las crisis antes de que vinieran, o después? ¿Cómo estaba tu oración el día o la semana antes de enfrentarlas? ¿Qué has aprendido acerca de estar preparado por medio de la oración para tales crisis?

2. Tozer hizo recomendaciones para practicar la oración como preparación. Las dos primeras fueron "nunca vivas como si todo estuviera bien", y "nunca confíes en el diablo ni digas que todo está bien". Las apariencias siempre son engañosas. Pablo nos advierte acerca de gloriarse "en las apariencias y no en el corazón" (2 Co. 5:12) o de mirar "las cosas según la apariencia" (2 Co. 10:7). Estas recomendaciones no solo aplican al creyente como individuo sino también al cuerpo de creyentes. Recuerda cómo los ancianos y líderes de Israel analizaron la situación conforme a las apariencias de los gabaonitas (Jos. 8) en vez de buscar el consejo de Dios. Lo mismo hacemos hoy. ¿Cómo podemos evitar ser engañados por las apariencias de una situación en vez de guiarnos por la realidad? Analiza cómo puede aplicarse el siguiente pasaje para manejar las apariencias o determinar si todo está bien: "Por lo demás, hermanos míos, fortaleceos en el Señor, y en el poder de su fuerza. Vestíos de toda la armadura de Dios, para que podáis estar firmes contra las asechanzas del diablo" (Ef. 6:10-11).

3. La autosuficiencia es un verdadero impedimento para la oración como preparación. ¿Qué alimenta nuestra autosuficiencia? ¿Nuestros éxitos pasados, nuestra supuesta madurez

en Cristo, nuestra etapa en la vida, nuestra educación, nuestra autodisciplina o autocontrol, nuestra última victoria, o quizá una calma aparente en las crisis y ataques del enemigo? Tozer señala acertadamente que la fuente primordial de esta autosuficiencia es nuestra carne. El apóstol Pablo habla de su confianza en la carne, y presenta la solución en Filipenses 3:2-16. Toma esta solución y ponla en práctica en tu vida en asuntos específicos.

4. "Nunca subestimes el poder de la oración". ¿De qué manera subestimamos el poder de la oración? Algunas posibilidades son: orar poco, orar de manera irregular, orar solo cuando se desata una crisis, orar solo cuando todas las demás soluciones fallan, o solo cuando tenemos tiempo o resulta cómodo, cuando no estamos cansados, orar únicamente por las grandes dificultades y sucesos en la vida, entre otras. Identifica las excusas o situaciones que te han llevado subestimar el poder de la oración. ¡Confiésalo y pide a Dios que te ayude a no subestimar el poder de la oración!

LA ORACIÓN DE FE

Permíteme decirte que hay una gran cantidad de oración que se eleva y que carece por completo de significado. Nunca nos reporta beneficio alguno. Y no hace ningún bien tratar de encubrir o negar este hecho. Sería mucho más provechoso reconocer que ya se ora suficiente un domingo como para salvar al mundo entero, al menos cuatro o cinco suburbios en el mundo. Pero el mundo no es salvo, y en gran medida nuestras oraciones no son más que el eco de nuestra propia voz.

Esto puede ser muy perjudicial para la iglesia de Cristo. Y no solamente perjudicial, sino a veces desastroso. Cuando ocurre durante un período prolongado, la oración sin respuesta acarrea cinco consecuencias negativas en una congregación.

Primero, por lo general estanca y desanima a las personas que oran. Si seguimos pidiendo como un niño malhumorado que no espera recibir lo que pide, pero sigue gimoteando por obtenerlo, y si persistimos en esto y nunca recibimos una respuesta, la tentación será que nuestro corazón se enfríe y desfallezca.

De ese modo, y segundo, se confirma la incredulidad natural

del corazón. Recuerda que el corazón humano está lleno de incredulidad, porque fue la incredulidad lo que llevó al primer acto de desobediencia. Por lo tanto, el primer pecado fue la incredulidad, no la desobediencia. Si bien la desobediencia es el primer pecado que fue documentado, detrás de este hubo pecado de incredulidad. De lo contrario, la desobediencia no habría tenido lugar. A la luz de estos hechos, yo observo un peligro: orar y no recibir respuesta, y ver que una iglesia ora y nunca recibe respuesta, resulta nocivo para el crecimiento espiritual. Cuando oramos por los enfermos y no se recuperan e incluso mueren, cuando oramos por liberación y nunca ocurre, cuando elevamos miles de peticiones y nunca vemos que se cumpla una sola de ellas, yo diría que el resultado es que se confirma la incredulidad natural del corazón humano.

Tercero, la oración sin respuesta alienta la idea de que la religión es pura fantasía. Muchas personas ya tienen la idea de que la religión es irreal. Creen que es puramente subjetiva, que nada tiene de real, y que carece de un referente tangible. Por ejemplo, si uso la palabra "lago", todo el mundo piensa en una gran masa de agua. Si uso la palabra "estrella", todo el mundo piensa en un cuerpo celeste. Pero cuando uso las palabras "fe", "creer", "Dios", o "cielo", no existe un referente de la realidad que las personas puedan usar. No son más que palabras, como hadas y duendes y cosas parecidas que carecen de referente en el mundo real.

Cuarto, el siguiente paso es que provee múltiples ocasiones para que el enemigo blasfeme. Al enemigo, el diablo, le encanta blasfemar. Tiene una boca sucia, es un blasfemo ofensivo. Siento una afinidad secreta con el anciano y rudo irlandés William Nicholson que llamó al diablo "un viejo cerdo sucio". Y es un viejo cerdo obsceno al que le encanta blasfemar. Si puede lograr que muchos cristianos lancen alaridos al cielo durante semanas y se asegura de que nunca reciban una respuesta, tiene más vulgaridades para decir, además de blasfemar a Dios aún más.

Quinto, y lo peor de todo, es que deja al enemigo en posesión del campo de batalla. La peor parte del fracaso de una ofensiva militar no es la pérdida de hombres o la pérdida de renombre, sino el hecho de que el enemigo queda en posesión del campo.

Así que, cuando el pueblo de Dios ora y ora y no obtiene nada, el enemigo queda en posesión del campo de batalla. Esto es, en sí mismo, una gran tragedia y un desastre. El diablo debería estar huyendo. Lo único que deberíamos ver de él es su nuca. Siempre debería estar en retirada, y su peor pelea debería librarse en la retaguardia, con tácticas de tierra quemada, incendiando y destruyendo a su paso. Siempre debería estar a la fuga. Pero en lugar de eso, el obsceno y blasfemo enemigo se mantiene firme en su posición, con arrogancia y desdén, y el pueblo de Dios se lo permite. Esto, por supuesto, retrasa la obra del Señor en gran manera.

Tener oraciones sin respuesta, oraciones que suben al cielo y vuelven vacías, es como enviar un ejército sin armas. Es como un pianista que intenta tocar sin dedos. Es como enviar al bosque un leñador sin un hacha. Es como enviar a un granjero al campo sin un arado. La obra del Señor queda paralizada en ese tipo de situaciones.

Ahora bien, Jesús dijo que podemos tener cualquier cosa que pedimos en su nombre (Jn. 14:13-14; 1 Jn. 5:14-15). El apóstol Juan dijo que esta es la confianza, la seguridad y la certeza que tenemos en Él. El hombre que no tiene fe rechaza de plano esta clase de enseñanza y exige la prueba de la razón humana. Este hombre sin fe dice: "Debo tener una razón para esto". El hombre de fe siente confianza y no se aventura a depender del razonamiento humano. O, dicho de otra manera, he usado la razón para hacer lo que puede hacer la razón, que es principalmente para demostrar que hay algunas cosas que la razón no puede hacer. Nunca he estado en contra de la razón humana, pero sí en contra de la razón humana que intenta hacer las cosas que la razón humana es incapaz de hacer.

La gran diferencia hoy en el mundo no es entre el liberal y el fundamentalista. El gran abismo actual está entre el evangélico racionalista y el evangélico místico. Los evangélicos racionalistas insisten en tratar de reducir todo a lo que puede explicarse y probarse y, por tanto, tienen una fe racionalizada y han rebajado al Dios Todopoderoso al nivel inferior del razonamiento humano. Por otro lado, el evangélico místico le cree a Dios y desconfía de la razón humana, puesto que hay algunas cosas que la razón humana no puede hacer.

> **La fe es la forma suprema de razonamiento. La fe nos lleva directo a la presencia de Dios.**

La razón humana y la fe no son opuestos, pero uno está por encima del otro. Cuando somos creyentes, entramos en un mundo completamente diferente, una esfera que está infinitamente por encima de la minúscula razón. "Porque mis pensamientos no son vuestros pensamientos, ni vuestros caminos mis caminos, dijo Jehová. Como son más altos los cielos que la tierra, así son mis caminos más altos que vuestros caminos, y mis pensamientos más que vuestros pensamientos" (Is. 55:8-9). La fe nunca se opone a la razón, sino que simplemente la ignora y se eleva por encima de ella.

Por ejemplo, la razón no podía decirnos que Jesucristo debía nacer de la virgen María, pero la fe sabe que así fue. La razón no puede probar que Jesús tomó forma de hombre y murió por los pecados del mundo, pero la fe sabe que Él lo hizo. La razón no puede probar que, al tercer día, Él resucitó de los muertos, pero la fe sabe que esto sucedió. Así que la razón no sabe estas cosas, pero la fe sí. La fe es un órgano de conocimiento.

La fe es la forma suprema de razonamiento. La fe nos lleva directo a la presencia de Dios y va detrás del velo donde ha estado nuestro Señor Jesucristo, nuestro Precursor, y habla con el Dios Todopoderoso, y toma aquello para lo cual Él fue enviado. Es allí que el hombre de fe goza de comunión con la fuente de su ser, ama la Fuente de su vida, ora a Aquel que lo adoptó como hijo, y conoce al Dios que hizo los cielos y la tierra. Puede que no sea un astrónomo, pero él conoce al Dios que hizo las estrellas. Puede que no sea un físico, pero él conoce al Dios que hizo las matemáticas.

Puede que haya muchos fragmentos técnicos y especializados de conocimiento que el hombre de fe no tiene, pero él conoce al Dios de todo conocimiento, atraviesa el velo hasta su presencia, permanece en silencio y, con ojos muy abiertos, contempla, contempla, y contempla las maravillas de la deidad. ¡La fe lo lleva hasta allí! "Si Dios lo dice, ¡yo sé que es así! ¿Por qué? 'Y esta es la confianza que tenemos en él'" [1 Jn. 5:14]. La razón no puede refutar nada que haga la fe. No todos los hechos científicos recolectados en alguna universidad del mundo pueden confirmar un hecho espiritual, porque se trata de dos esferas diferentes, o dos mundos diferentes; uno se ocupa de la razón, y el otro se ocupa de la fe.

Las promesas de Dios, el carácter de la sangre de Jesús, y el carácter de Dios son el fundamento de nuestra esperanza. ¡No lo es nuestra bondad! No es lo que prometemos hacer ni lo que hemos hecho, sino lo que Él nos promete. Y Él no puede mentir por los méritos de su Hijo. Entonces, si tienes algún problema, ¿por qué no acudes a Dios y lo pones a prueba? Ponte de rodillas y ora por ello. ¡Ponlo en oración! ¿Vas a hacerlo?

Si tienes problemas en tu casa, problemas en tu negocio, problemas serios, busca a Dios. Ponte de rodillas. Abre tu Biblia y di: "Dios, no he pensado en esto, pero puedo confiar en ti". Luego, busca las promesas. El Dios Todopoderoso no te decepcionará. Dios hará flotar el hierro, y Dios ayudará a sus hijos.

Sermón editado, predicado el 21 de agosto de
1955, en Southwest Alliance Church, Chicago.

REFLEXIÓN Y APLICACIÓN

1. "Sería mucho más provechoso reconocer que ya se ora suficiente un domingo como para salvar al mundo entero, al menos cuatro o cinco suburbios en el mundo. Pero el mundo no es salvo, y en gran medida nuestras oraciones no son más que el eco de nuestra propia voz". Evalúa en qué medida sucede lo que dice aquí Tozer en tu propia iglesia y en tu caminar con Cristo. ¿Oran mucho en tu iglesia y oras mucho en tu vida personal? ¿Cuál es el nivel de obediencia en tu iglesia y en tu propia vida? Debemos recordar siempre que la oración no reemplaza la obediencia, porque "el obedecer es mejor que los sacrificios" (1 S. 15:22).

2. Cuando la oración no recibe respuesta durante un período prolongado, se dan, por lo general, cinco resultados en la congregación: (1) se desaniman las personas que oran; (2) se confirma la incredulidad natural que hay en el corazón; (3) se alimenta la idea de que la religión es irreal; (4) se da lugar a que el enemigo blasfeme; y (5) se deja al enemigo en posesión del campo de batalla. ¿Cuáles de estos resultados han sido

más evidentes en tu iglesia y en tu vida? ¿Por qué crees que es así? ¿Qué debes hacer para recuperar el terreno perdido en tus circunstancias? Busca al Señor para que Él te revele la solución específica a tu situación.

3. En algún momento, o incluso tal vez la mayor parte del tiempo, hemos sido culpables de "reducir todo a lo que puede explicarse y probarse y, por tanto, [tenemos] una fe racionalizada y [hemos] rebajado al Dios Todopoderoso al nivel inferior del razonamiento humano". Permitamos al Espíritu Santo examinar nuestro corazón y nuestra mente para sacar a la luz esas actitudes mundanas y carnales. A medida que Él nos redarguya, arrepintámonos y pidamos a Dios que nos faculte para andar aún más por la fe. Por supuesto, esta no es una experiencia de una sola vez, sino que debe repetirse tantas veces como sea necesario.

4. "La fe es la forma suprema de razonamiento. La fe nos lleva directo a la presencia de Dios y va detrás del velo donde ha estado nuestro Señor Jesucristo, nuestro Precursor, y habla con el Dios Todopoderoso, y toma aquello para lo cual Él fue enviado. Es allí que el hombre de fe goza de comunión con la fuente de su ser, ama la Fuente de su vida, ora a Aquel que lo adoptó como hijo, y conoce al Dios que hizo los cielos y la tierra". Toma aliento con estas palabras de Tozer para enfrentar tus circunstancias presentes.

5. "Si tienes problemas en tu casa, problemas en tu negocio, problemas serios, busca a Dios. Ponte de rodillas. Abre tu Biblia y di: 'Dios, no he pensado en esto, pero puedo confiar en ti'. Luego, busca las promesas. El Dios Todopoderoso no

te decepcionará. Dios hará flotar el hierro, y Dios ayudará a sus hijos". Por la fe, cree en Él y en su Palabra. Identifica los problemas que estás experimentando y preséntalos delante del Señor Dios, sobre el fundamento de las promesas específicas de su Palabra.

El significado de ser cristiano en un mundo que no tiene el más mínimo interés en Cristo.

En *Cultura*, A. W. Tozer lo dice de forma directa: seguir a Cristo hacia el cielo es darle la bienvenida al conflicto mientras estamos en este mundo. Dentro de estas páginas, hay reflexiones sobre la verdadera naturaleza de la iglesia, el costo de seguir a Jesús y la bendita esperanza de quienes van camino al cielo. La lectura de *Cultura* te ayudará e inspirará a vivir de manera mesurada, decidida y audaz en un mundo que preferiría verte conformarte tranquilamente a sus lineamientos.

EDITORIAL PORTAVOZ

NUESTRA VISIÓN

Maximizar el efecto de recursos cristianos de calidad que transforman vidas.

NUESTRA MISIÓN

Desarrollar y distribuir productos de calidad —con integridad y excelencia—, desde una perspectiva bíblica y confiable, que animen a las personas a conocer y servir a Jesucristo.

NUESTROS VALORES

Nuestros valores se encuentran fundamentados en la Biblia, fuente de toda verdad para hoy y para siempre. Nosotros ponemos en práctica estas verdades bíblicas como fundamento para las decisiones, normas y productos de nuestra compañía.

Valoramos la excelencia y la calidad.
Valoramos la integridad y la confianza.
Valoramos el mérito y la dignidad de los individuos y las relaciones.
Valoramos el servicio.
Valoramos la administración de los recursos.

Para más información acerca de nuestra editorial y los productos que publicamos visite nuestra página en la red: www.portavoz.com.